특별한 영유아
모노그래프 시리즈 9호   Linking Curriculum to Child and Family Outcomes

교육과정과 영유아 및 가족의 성과 연계

Eva M. Horn · Carla Peterson · Lisa Fox 편저
김건희 · 김진희 공역

학지사

원저 *Young Exceptional Children(YEC) Monograph Series*는 특수아동협회 유아교육분과[The Division for Early Childhood(DEC) of the Council for Exceptional Children(CEC)]의 출판물 중 하나로서 1999년부터 출간되기 시작하였습니다. '모노그래프'란 특정 주제에 관한 상세하고 실증적인 논문들을 모은 것이라고 할 수 있는데, YEC 모노그래프 시리즈는 장애가 있거나 발달이 지체된 유아, 영재 유아, 발달이 지체될 위험이 있는 유아, 학교생활에 어려움이 예상되는 유아 등 1~8세의 유아를 대상으로 일하는 교사, 유아교육(보육) 종사자, 행정가, 치료사, 가족 구성원 등을 위하여 기획되었습니다. 시리즈 각 호는 조기중재 및 유아특수교육 분야의 중요한 주제를 다루며 실제(practices)에 직접적인 도움이 되는 내용으로 구성되었습니다. 증거 기반 중심(evidence-based)의 연구 결과를 전문가와 가족에게 효과적이고 유용한 전략으로 바꾸어 소개하는 것이 모노그래프 시리즈의 주요 목표 중 하나라고 할 수 있습니다. 따라서 시리즈에 수록된 글은 탄탄한 이론 혹은 연구 기반을 갖고 있으며, 또한 광범위한 독자층을 고려하여 읽기 쉽게 쓰여 있습니다.

3

YEC 모노그래프 각 시리즈에서 다루는 주제는 도전적 행동에 대처하는 실제적 아이디어(1호), 자연적 환경과 통합(2호), 유아의 발달을 지원하는 교수 전략(3호), 의미 있는 정보를 수집하는 진단평가(4호), 가족 기반의 실제(5호), 학제간 팀들(6호), 초기 문식성 발달 지원(7호), 사회·정서 발달 지원(8호), 교육과정과 영유아 및 가족의 성과 연계(9호), 조기중재의 실제와 성과(10호)입니다.

역자들은 Young Exceptional Children을 '특수유아'가 아닌 '특별한 영유아'라고 번역하였는데, 그 이유는 '특수유아'라는 표현이 혹여 유아들을 동질집단화하지 않을까 하는 우려 때문이었습니다. 그래서 서로 다른 발달을 보이는 개별 영유아에게 초점을 맞추는 의미에서 '특별한 영유아'로 번역하였음을 밝힙니다.

특별한 영유아 모노그래프 시리즈의 번역은 여러 사람의 노력과 지원이 없었으면 불가능하였습니다. 번역 계획은 2006년 가을 미국 아칸소(Arkansas) 주 리틀록(Little Rock)에서 열린 DEC 학회에서 시작되었습니다. 당시 DEC 다문화 활동위원회(Multicultural Activities Committee)의 위원장으로 활동하고 있던 브래들리 대학교 이화(Hwa Lee) 교수의 적극적인 추천과 지원으로 모노그래프 시리즈를 한국어로 번역 출간하는 것에 대해 DEC 회장단으로부터 매우 긍정

4

적인 답변을 들었습니다. 그러나 DEC의 출판물을 외국에서 번역 출판하는 작업이 전무하였던 관계로 실제 계약까지의 진행은 매우 더디게 이루어졌습니다. 하지만 그 시간 동안 포기하지 않고 역자들을 믿어 준 분들께 감사 드립니다. 특히 계속 관심을 가지고 국내에서 번역 출간되도록 적극적인 지원을 아끼지 않은 이화 교수님께 감사의 말씀을 드립니다. 그리고 한국에서의 출간을 지지하고 신뢰해 준 DEC 회장단을 비롯한 관계자들에게 감사의 마음을 전합니다. 또한 이 책이 나오도록 애써 주신 학지사의 김진환 사장님과 직원 여러분께 감사 드리며, 마지막으로 언제나 든든하게 힘이 되어 주는 사랑하는 가족에게 고마움을 전합니다.

2015년
역자 일동

　교육관련 팀이 아동 및 가족의 성과와 교육과정을 연결시키는 주
제를 담은 특별한 영유아 모노그래프 9호의 출간을 환영합니다. 전
국에서 영아를 위한 조기중재 프로그램과 장애를 가진 영유아를 위
한 유아특수교육(ECSE) 프로그램은 서비스를 제공받는 유아들과 가
족들에게 미치는 프로그램의 영향을 결정하기 위한 방법을 개발하
고 있습니다. 아동들과 가족들을 위한 성과는 해당 프로그램의 성공
을 측정하는 데 사용됩니다. 프로그램의 관리자들, 직접적인 서비스
전문가들, 그리고 가족들은 영유아들이 속한 환경과 학습활동, 간단
히 말해서 교육과정을 향상시키기 위해 성과물에서 수집된 정보를
어떻게 사용할까요? 이번 모노그래프의 내용은 주정부 차원의 성과
물과 조기학습 가이드라인 및 기준과 연결되는 포괄적인 교육과정
들을 고안하고 수행할 때 조기교육자와 특별한 영유아들을 교육하
는 사람들을 지원하려는 것입니다. 또한 이 책은 지속적으로 교육과
정의 향상을 알리기도 하고 강화시키기 위해, 성과 자료를 사용하는
것과 자료들을 해석하는 것에 대한 내용들이 제공됩니다. 항상 그렇
듯이, 이 모노그래프의 각 장은 「조기중재 및 유아특수교육에서의

7

추천실제(DEC Recommended Practices in Early Intervention/Early Childhood Special Education, Sandall, Hemmeter, Smith, & McLean, 2005)」에서 밝혀진 실제를 강조합니다. 이 모노그래프에서 각 장은 추천실제에 내재하는 가치, 신념, 실제를 다룹니다. 각 장에서는 교육자들이 가족들과 연계해서 평가, 교육과정, 진전상황에 관한 모니터링 그리고 아동과 가족의 성과를 촉진하는 구체적인 전략을 소개합니다.

Hebbler와 Barton이 쓴 첫 번째 장은 장애인교육법(The Individuals With Disabilities Education Act, IDEA) Part C를 통해 서비스를 제공받는 출생에서 3세까지의 유아들과 가족들의 성과에 관한 것과, Part B를 통해 유치원에서 서비스를 제공받는 3세에서 5세까지의 유아들에 대한 성과물을 보고하기 위한 현재 연방정부 수준에서의 요구조건까지 이르는 중요한 사건들을 요약함으로써, 유아와 가족의 성과를 교육과정에 연결하는 것이 중요하다는 것에 대한 강력한 기초자료를 제공합니다. 그리고 나서 이 두 저자는 비록 연방정부차원의 활동은 매일의 서비스와 관련이 없는 것으로써 성과나 관련보고들은 무시될 수도 있지만, 대안적인 견해는 더 생산적일 수 있다는 것을 우리에게 알려 줍니다. 다시 말하자면, 성과에 대한 연방정부 차원의 요구는 연방정부, 주, 프로그램 그리고 해당 서비스를 제공받는 각 개인 아동과 가족을 포함하는 모든 차원에서 나타나는 성과에 초점을 둔 성과자료들을 요구하는 것입니다.

독자에게 기초가 될 만한 정보를 제공하는 노력을 지속하면서, Pretti-Frontczak과 그녀의 동료들이 쓴 두 번째 장은 조기교육 교육과정의 질에 관련해서 중요한 기반이 될 수 있는 정보를 전해 줍니다. 분명히, 두 번째 장의 저자들은 그동안 지속되어 온 책무성에 대한 강조를 고려할 때, 조기교육 프로그램이 해당 서비스의 수행을 어떤 방식으로 탁월하게 수행할 수 있는지에 대한 정확한 이해와 공통적인 초점을 제공하기 위해 질적 교육과정의 체제를 준비하는 것이 필요함을 이야기합니다. 또한 저자들은 질, 계획의 조정, 수행의 충실도 그리고 평가에 대한 토의를 통해 교육과정체제의 요소들에 대한 초기 생각들에서 여덟 단계 과정들을 소개합니다.

McCormick, Grisham-Brown, 그리고 Hallam이 쓴 세 번째 장은 자주 사용되는 교육과정 접근인 '프로젝트 접근'을 사용하는 교육과정계획과 수행의 한 부분으로써 조기학습기준과 성과평가를 연결하는 것과 교육과정에 초점을 맞춥니다. 이 장을 읽는 독자는 개별 유아와 유치원 아동 집단을 위한 교육과정 계획과 자신이 속한 주정부에서 주장하는 조기학습 기준을 연결시키기 위한 단계별 과정을 알게 됩니다.

Ostrosky와 그녀의 동료들은 팀의 다른 구성원들의 견해를 알도록 언급하는데, 우리가 교육과정을 계획하고 어린이들을 위한 사회-정서적 발달 성과를 강화하려고 할 때 가족의 관점을 살펴보는 것이 해당된다고 할 수 있습니다. 사회적 기술 발달은 장애 유아교육 교육과정의 중요한 한 요소이지만, 가족들이 이러한 기술의 발달을 어떻게 도울 수 있는지는 거의 강조되지 못하고 있습니다. 유아들이 또래들과의 상호작용에 참여하고 지속할 수 있는 우정을 키우는 데 필요한 기술을 발달시킬 때, 아동과 가족의 중요한 성과는 실현될 수가 있습니다. 저자들은 가족들이 그들의 장애 영유아들을 위하여 또래 관계 발달을 지원하는 데 사용할 수 있는 아이디어를 제공합니다.

이후 네 개 장은 조금 더 직접적으로 전략과 의미 있는 평가를 수행하는 데 필요한 절차를 알 수 있도록 해 줍니다. 다르게 이야기하자면 교육과정과 성과 평가를 연결하는 문제에서 평가 쪽으로 초점을 옮깁니다. 「통합 교실에서 실제적 평가: 변화를 문서화하고 교육과정을 수정하기 위한 포트폴리오 사용하기」에서, Lynch는 포트폴리오 평가가 특정 아동의 능력을 포괄적으로 바라보게 해 주며 자료수집에 관심을 보이는 교사들에게 가치 있는 수단으로 모습을 드러낸다고 밝힙니다. Lynch는 유아들의 행동과 활동을 체계적으로 관찰하고 문서화하는 과정을 묘사하고, 작업을 위한 샘플을 수집하고, 관찰에서 얻은 결과의 중요성을 생각하고 그리고 교육과정의 수정을 위해 자료를 사용해서 평가 사이클을 완성하기도 하고, 구체적 목표의 성취를 나타냄으로써, 평가로 이르는 접근을 수행하는 데 필요한 지침을 교사들에게 제공합니다.

또한 Botts와 그녀의 동료들은 일상적으로 교육과정상의 결정을 내리고 영유아들의 교수를 조정할 때, 조기교육자들이 대안적 평가틀을 사용할 것을 권고합니다. 그녀는 다양한 발달능력을 지닌 영유아들을 평가하기 위한 대안적 평가 방법을 사용하기 위하여 구체적 전략들을 안내하고 개별화된 교수, 유아들의 진전상황 점검 그리고 유아들의 요구수준에 맞게 교수를 제공하기 위하여 중요한 정보들을 제공합니다.

마지막으로 「중재 충실도 평가를 통한 영유아의 성과 향상」과 「가족 기반 실제 평가와 진보 모니터링: 양육 경험 척도」는 또 다시 중재와 서비스를 제공하는 데 있어 우리들 자신에 대한, 전문가들에 대한 그리고 프로그램의 효율성에 대한 평가를 실시함으로써 성과의 향상을 다루도록 안내합니다. Trivette와 Dunst는 원하는 성과를 달성하는 데 있어 가족을 기반으로 한 실제적 실천을 제공하고 가족들을 지원하는 것이 부모의 입장에서 얼마나 효율적인가를 평가하기 위한 하나의 도구인 양육 경험 척도를 제시하는 반면에, Luze와 Peterson은 중재의 충실도를 평가하는 전략과 개인적인 중재의 효율성을 나타내는 아동 진보−점검 구성요소들을 설명합니다.

모노그래프 9호는 이전 시리즈가 그랬듯이, Camille Catlett의 '적절한 자원'을 소개하는 것으로 끝이 납니다. 『특별한 영유아』 시리즈의 각 권이 그렇듯이, Camille는 교육과정을 아동과 가족의 성과와 연결시키는 데 있어 비용은 적게 들지만 질 높은 자료들이 될 만한 것들을 알려 줍니다.

이 책에서 글을 읽을 때 장애를 가진 영아, 영유아와 그들의 가족들에게 실제 서비스를 할 때 반영해야 할 것과, 가족들이 효과적인 서비스를 찾는 데 도움을 얻기를 바랍니다. 우리 행동에서의 변화는 우리가 지향하는 유아와 가족의 성과를 위하여 가족과 전문가들이 책임감을 공유하고 협력을 실행케 하는 목표로 나아가게 합니다.

■ 이 책에 기여해 주신 분들

Ann Bingham, University of Nevada-Reno

Patty Blasco, Oregon Health Sciences University

Virginia Buysse, University of North Carolina at Chapel Hill

Cynthia Chamvers, East Tennessee State University

Lynette Chandler, University of Northern Illinois

Misty Goosen, University of Kansas

Jennifer Grisham-Brown, University of Kentucky

Sarah Hadden, University of Virginia

Lee Ann Jung, University of Kentucky

Jean Kang, University of Kansas

Gwiok Kim, University of Kansas

Cecile Komara, University of Alabama

Dave Lindeman, Iowa State University

Chris Marvin, University of Nebraska-Lincoln

Mary McLean, University of Wisconsin, Milwaukee

Linda Mitchell, Wichita State University, Kansas

Susan Palmer, University of Kansas

Rosa Milgaros Santos, University of Illinois at Urbana-Champaign

Ilene Schwartz, University of Washington

참고문헌

Sandall, S., Hemmeter, M. L., Smith, B. S., & McLean, M. (2005). DEC recommended practives: A comprehensive guide. Longmont, CO: Sopris West.

공동 편저자

Eva Horn(evahorn@ku.edu)
Carla Peterson(carlapet@iastate.edu)
Lisa Fox(fox@fhmi.usf.edu)

연방정부와 주정부 차원에서의 유아와 가족의 성과에 대한 자료의 필요성

Kathleen Hebbeler, Ph.D.,

SRI International, Menlo Park, CA , Menlo Park, CA

Lauren R, Barton, Ph.D.,

SRI International, Menlo Park, CA

오드리는 조기중재 프로그램에서 세라스 가족과 함께 일하는 언어 치료사다. 세라스 가족의 구성원은 피터, 안나, 멜린다로, 멜린다는 생후 28개월이며 여러 영역에서 발달지체가 있는 상태다. 오드리, 피터, 안나 모두가 조기중재 프로그램 서비스의 많은 부분이 국가나 연방정부에서 주관하는 법과 규제에 의해 영향을 받는다는 사실을 인식하지 못하는 것 같다. 또한 그들 중 아무도 2006년도에 연방정부가 조기중재의 법규조항에 4억 3,640만 달러를 제공한다는 사실을 모르는 것으로 추측된다. 이 금액은 2005년에 제공된 4억 4,080만 달러보다는 적은 금액이었지만 1990년에 할당된 7,900만 달러에 비해서는 훨씬 더 많은 액수였다(NECTAC, 국립 유아기 기술 지원 센터, 2007).

1990년대 초반에, 연방정부 차원을 포함해서 정부의 여러 차원에서의 정책 입안자들은 Part C(미국장애인 교육법에 있는 부분; 장애 영아들)프로그램과 미국장애인교육법(IDEA)을 통해 지원되는 유치원 지원금 프로그램 Part B과 같은 공적 투자를 통해 이루어지는 성과물에 대한 의문을 제기하기 시작했다. 성과물은 이미 경험한 혜택이거나 몇몇 행동이나 일련의 행동의 결과로 일어나는 것으로 정의된다. 예를 들어, 서비스가 제공된 이후에 유아들과 가족들의 예상 결과나 성과를 나타내는 진술문을 만들 수도 있다. 장애 영유아와 그들의 가족들을 지원하는 많은 전문가에게 있어 개인별 성과물 진술서를 작성한다는 것은 멜린다처럼 특정 유아가 특별히 계획된 중재를 받은 후에 보일 수 있는 또는 기대되는 기능들을 구체적인 방법들로 나타내는 익숙한 작업을 포함한다. 그러고 나서 유아의 기능이 개별화 가족 서비스 계획(individual family service plan: IFSP)이나 유아의 개별화 교육 계획(IEP)에서 요구되는 것으로서 대개 진보에 대해서 보고를 할 때, 예상기대에 비교되어 정기적으로 고찰된다. 책무성의 입장에서 보자면, 자금 제공자들과 정책 입안자들은 한 프로그램에 참여하는 모든 유아에게 적합한 기대치를 반영하는 성과물에 대한 자료를 원하기 마련이다. 이들은 특정 프로그램이 실행중일 때, 유아와 가족들이 공통된 성과물을 성취하는 쪽으로 가고 있는지를 정기적으로 확인하고자 한다. 시행되고 있는 프로그램이 의도하는 효과를 산출하고 있는지를 알기 위한 방식으로 말이다. 정책 입안자들이 점차적으로 요구하는 것이 이런 종류의 자료고, 미국장애인교육법(IDEA)의 Part C와 Part B의 유치원 프로그램에 있는 모든 유아와 가족의 기능을 반영한다. 책무성의 틀에서 살펴보면, 세라스 가족에 대한 자료는 프로그램 효율성에 대한 전반적인 그림을 그리기 위하여 많은 다른 가족에 대한 정보와 결합된다.

연방정부 보고를 위해 자료를 제공하는 것은 새로운 현상은 아니다. 미국의 주들은 수년 동안 조기중재(EI)와 유아특수교육(ECSE)과 관련된 프로그램 운용에 대한 자료를 보고해 왔다. 이러한 자료들은 미국장애인교육법(IDEA)의 실행에 관해 교육 연차 보고 부서(department of Education's Annual Reports)에서 국회로 보고되며, 인터넷 주소 http://www.ed.gov/about/reports/annual/other-planrpts.html에서 볼 수도 있다. 예를 들어, 미국의 각 주는 서비스를 제공받는 유아의 수, 서비스 제공 장소, 제공되는 서비스의 수, 제공자의 수를 보고해왔다. 여러 주는 또한 제공되는 서비스에서 느끼는 가족의 만족도에 대한 자료도 수집했다. 흥미롭게도 이러한 자료들은 이 프로그램들이 유아와 가족들에게 의도한 만큼의 성과를 얼마나 성공적으로 성취했는지에 대해서는 어떠한 정보도 제공하지는 않는다. 수년 동안, 프로그램의 장점을 문서화하는 것은 개인별 유아와 가족 이야기에 대한 일화로 구성해왔다. 유아와 가족들이 조기중재나 유아특수교육(ECSE) 프로그램을 통해 성취했던 성과를 보고하기에 체계적이거나 지속적인 어떤 방식은 없었다.

이 논문은 현재 미국장애인교육법(IDEA) Part C를 통해 서비스를 제공받은 출생에서 3세까지의 유아와, Part B 유치원 프로그램 서비스를 받는 3세에서 5세까지의 유아를 위한 성과를 보고하는 데 있어 현재의 연방정부의 요구조항과 관련된 주요 사건과 논쟁거리를 설명한다. 다음 페이지에서는 현재의 요구사항으로 이끄는 결정적 사건 몇 가지를 요약하고, 각 주에서 성과 측정 체계를 고안해서 수행하려는 노력이 어떻게 다양한 수준에서 기회를 제공하는지를 논의하고 유아와 가족들과 그들에게 제공되는 프로그램에 대한 성과 측정의 영향도 설명한다.

성과물과 매일 행해지는 서비스의 제공과는 거의 관련이 없는 연방정부 활동으로서의 관련 보고들은 일축되기 쉽다. 여러 주에서 수용한 대안적인 관점은 성과물을 연방정부가 요청하는 것은 모든 수준, 말하자면 연방정부, 국가, 프로그램과 서비스를 제공받는 각각의 유아와 가족 모두에게 있어 더욱 필요로 하는 것에 초점을 둔 것을 제시하는 기회로 나타내는 것이다.

장애 영유아를 위한 프로그램과 책무성의 시대

정책 입안자들이 책무성에 대한 사고를 바꾼 계기가 된 중대한 사건은, 1992년도에 『정부 재창조(Reinventing Government)』(Osborne, & Gaebler, 1992)라는 제목의 책의 출간이다. 이 책의 저자들은 정부가 영리를 추구하는 사업체에서 행하는 몇 가지 효율적인 원칙을 사용해야한다고 주장하였고, 그것은 원하는 성과를 문서화하고 실행한 프로그램들과 활동에만 자금을 지원하는 결과지향적인 의사결정을 포함하였다. 이러한 베스트셀러 도서가 출간된 지 1년 만에, 미국 국회는 「정부 수행 및 결과법」(GPRA: Government Performance and Results Act)을 통과시켰다[GPRA: 상원 국정 위원회(senate committee on governmental affairs], 1993). 「정부 수행 및 결과법」은 연방 기관이 프로그램의 목적에 맞게 조정되고, 전략적인 계획을 문서화한 프로그램에 대하여 측정 가능한 수행 지표를 구축하라고 요구했다. 연방기관들은 프로그램의 효율성을 입증하기 위해서 이에 대한 결과를 해마다 보고하기로 되어 있었다. 「정부 수행 및 결과법」 지표에 대한 요구조항은 확실히 프로그램의 성과에 관심을 돌리게 했다. 조기중재와 유아특수교육에 있어, 장애 유아들에 대한 성과를 측정하는 방법에 대해서 그리고 심지어는 이렇게 측정하는 것 자체가 적절한 것인지에 대해서 수년 동안 논쟁이 있어왔다.

미 교육부의 특수교육 프로그램 부서(OSEP)는 장애인교육법을 운영하고 「정부 수행 및 결과법」 지표를 개발하고 장애인교육법 관할 하에 지원되는 프로그램을 위한 자료를 수집하는 업무를 담당하는 연방정부 부서다. Part C와 Part B 유치원에 대한 성과물 보고에 대한 어려움들은 다수이기에 주목하지 않을 수 없는 정도였다. 조기중재와 유아특수교육 프로그램(ECSE)은 다양한 유형의 발달지체와 장애를 지닌 유아들에게 서비스를 제공한다(Hebbeler, Spiker, Mallik, Scarborough, & Simeonsson, 2003; Scarborough, Hebbeler, & Spiker, 2006; Scarborough et al., 2004). 어떻게 프로그램들이 모든 유아의 성과에 대해 책임을 질 수가 있는가? 이러한 프로그램들은 각 유아의 개별적 요구에 맞춘 목표를 위해서 고안된 것이다. 그런데 어떻게 하나의 개별화된 목표를 책무성으로써 성과의 공통성에 맞출 수 있는가? 어떻게 성과가 측정가능하도록 할 수 있을까? 이러한 프로그램의 서비스를 제공받는 유아들에게 어떤 종류의 평가도구가 사용될 수 있을 것인가? 그리고 특히 조기중재에서, 이것은 가족들이 그들 자녀의 발달을 강화하도록 돕기 위해 고안된 것이 아닌가? 왜 유아의 성과에만 중점을 두려고 하는가?

비록 이러한 대부분의 난제는 일반 영유아들에게서 성과를 수집하는 일과 관련되어 있을지라도 유아관련 성과 자료를 수집하는 방식의 문제란 특히나 벅찬 일이다(Meisels, 2006; Shepard, Kagan, & Wurtz, 1998). 3세 유아가 테스트 용지에 있는 비누방울을 색칠하는 것을 보는 것은 누구나 즐기고 싶어 하는 이미지는 아니었다. 비록 다양한 평가 도구가 존재하며, 발달의 지체를 식별하기 위해서, 각종 서비스를 받을 자격이 있는지를 문서화하고, 중재를 계획하도록 도움이 되기 위해서 이러한 평가 도구가 사용되기는 하지만, 이러한 목적을 위한 개별 평가 도구의 선택은 오로지 개별 유아의 요구에 근거해야만 이루어질 수 있다. 조기중재나 유아특수교육 서비스를 제공받는 모든 유아를 대상으로 의미 있는 성과에 대하여 타당한 결과를 산출해 낼 수 있는 평가 도구를 만드는 일은, 유아의 장애의 특성이나 심각성과는 상관없이 문제의 여지가 많았다.

1997년도에, 특수교육 프로그램 부서(OSEP)는 조기중재 종단연구(National Early Intervention Longitudinal Study, NEILS, Hebbeler & Spiker, 2003)의 기금을 조성했다. 조기중재 종단연구는 장애인교육법의 Part C에 대한 「정부 수행 및 결과법」의 여러 지표 성과 자료를 제공했다. 하지만, 이 연구는 성과 자료를 위한 계속 진행 중이었던 요구사항을 해결할 수는 없었다. 「정부 수행 및 결과법」 지표의 목적은 프로그램들이 시간이 지남에 따라 의도한 성과를 입증할 수 있는지를 고찰하려는 것이었고, 해마다 똑같은 성과 자료의 수집을 필요로 했다. 조기중재 종단연구는 시간이 흐름에 따라 유아와 가족들의 단일한 샘플을 추적했다. 매해 새로운 샘플을 선별하도록 고안된 것은 아니었다(Hebbeler & Wagner, 1998). 「정부 수행 및 결과법」에서 성과를 기반으로 한 책무성을 요구함에도 불구하고, 장애인교육법의 Part B와 Part C에 대한 성과 자료를 수집하는 데에서

오는 어려움은 성공적으로 처리되지 못했고, 1990년대에 이루어진 작은 발전이라면 성과 자료를 제공할 수 있는 하나의 체계를 세우게 된 것이었다.

성과 자료의 요구조건은 2002년도에 연방정부 예산관리국이 주관한 성과 자료를 예산 처리와 연계시킨 새로운 검토 절차를 마련함으로써 상당히 강화되었다. 처리과정은 프로그램 평가 평정도구 (Program Assessment Rating Tool, Part)를 이용해서 정부 수준의 프로그램의 평가를 포함하게 되었다. 프로그램 평가 평정도구는 "연방정부의 프로그램의 수행정도를 평가하고, 그러한 프로그램의 수행에서의 향상을 도모하기 위해 사용되는 진단도구다(Office of Management and Budget, 2007, p. 1)." 프로그램 평가 평정도구 처리과정 동안에, 프로그램들은 프로그램의 목적과 의도와 관련된 표준 질문지로 평가되었다. 평가질문지의 항목은 수행력 측정, 평가, 전략적인 계획, 프로그램 관리, 그리고 프로그램의 결과였다. 이와 같은 각 항목에서의 점수는 실적에 기반을 둔 예산을 지원하기 위해, 이전의 배정된 예산과 예산 요구액 바로 옆에 상세하게 기록되었다.

Part C와 Part B 프로그램은 2002년에 실시된 프로그램 평가 평정도구로부터 최초로 검토를 받은 152개의 연방정부 프로그램 중에 있었다. 이 두 가지 프로그램은 모두 "제시되지 않은 결과"로 범주화된 점수를 받았다(http://www.expectmore.gov에서 프로그램의 평가를 참조할 것). 프로그램 평가 평정도구는 Part C에 대해서는 다음과 같이 지적한다.

Part C 프로그램은 영아들이 서비스를 제공받는 장소와 서비스를 제공받는 아동들의 수에서는 처리과정의 목표에 도달했다. 하지만, 이 프로그램에 참가했던 영아의 교육적·발달적 성과나, 프로그램이 제공한 서비스의 결과로써 가족들이 이룬 진전에 대한 자료는 부족한 상태이다.

마찬가지로, 유치원 특수교육에 있어서, 보고서를 통하여, 교육부에 프로그램에서 서비스를 제공받은 장애 유아에 대한 수행정도에 대한 정보자료가 없다는 사실을 알게 되었다. 곤란함과 난제에도 불구하고, 프로그램 평가 평정도구 검토 과정은 특수교육 프로그램부서(OSEP)가 이러한 프로그램에 대해서 성과 자료를 수집해야 하는 필요성을 확실시했다.

이 논의는 연방정부 수준에서의 성과의 필요성에 초점을 맞추었으나, 성과에 근거한 책임성을 독려하는 것은 장애인교육법의 Part B와 Part C에만 해당하는 것은 아니다. 그리고 이 논의는 연방정부에만 국한된 것은 아니다. 주정부 정책 입안자들은 빠듯한 예산문제에 직면했고 기금조성을 우선으로 할 필요성은 계속 요구되고 있다. 이러한 프로그램에 투자되는 금액의 액수에 비해서 어떠한 성과가 현재 성취되고 있는가? 공적 자금이 현명한 방식으로 투자되고 있다는 사실을 어떻게 알 수 있는가? 본래 (프로그램이) 의도한 수령자가 이러한 프로그램에 의해 혜택을 받고 있다는 주장을 입증할 증거는 어디에 있는가? 이런 종류의 질문은 사적으로 자금을 제공한 사람들을 포함해서 모든 수준에서의 자금제공자들이 묻고 있기도 하다

(Harbin, Rous, & McLean, 2005; Hogan, 2001; Morley, Vinson, & Hatry, 2001). 예를 들어, 켈로그 재단(Kellogg Foundation)과 유나이티드 웨이(United Way) 두 단체 모두 성과의 측정을 촉진하고, 유용한 성과 자료를 수집할 능력을 확립하는 데 자원을 투자했다(Harty, 1996; W. K. Kellogg Foundation, 1998). 비록 몇몇 단체들은 여전히 기금 조성자들이 프로그램이 잘 진행된다고, 신뢰해야 한다고 생각할 수도 있지만, 프로그램이 효율적이라고 가정하는 시대는 이제 책무성을 중시하는 시대로 바뀌었다. 이런 책무성의 시대에서는 훌륭한 프로그램들은 업적을 입증할 수 있다고 예상된다. 장애 유아와 이들의 가족에게 서비스를 제공하는 프로그램에서, 이것은 성과에 대한 자료를 정기적으로 수집하는 체계를 세우는 것을 말한다. 후에 논의하겠지만 이러한 정보의 유용성은 여러 가지 목적에 도움이 될 수도 있고, 그러한 프로그램 중 단 하나만이 공적, 그리고 사적 자원으로서 미래의 기금 조성을 보장해 주는 더 나은 위치의 프로그램으로 존재하게 될 것이다.

성과를 측정하는 전국적인 체계를 구축하기

프로그램 성과 관리도구(PART)의 사용 결과는 성과 자료가 장애 아동에게 도움이 되는 프로그램을 위해서 수집되어야 하는지에 대해서 생겨나는 어떠한 논쟁도 없애 준다. 성과 자료가 없다면, 특정 프로그램의 장래는 위험에 처하게 된다. 불행하게도, 「정부 수행 및 결과법」의 제정 이래로 성과에 대한 자료 수집 방법에 대해서는 너무나 미비한 발전이 이루어졌을 뿐이다. 출생부터 5세까지의 장애유아에게 도움이 되는 프로그램을 위하여 성과 전반에서 리더십을 제공하고 합의를 구축하기 위해서 2003년에, 특수교육 프로그램 부서(OSEP)는 국립 센터인, 유아 성과 부서(Early Childhood Outcomes: ECO)(http://www.the-eco-center.org) 기금을 조성하였다. 이 센터의 초기 임무는 어떠한 성과물이 있어야 할지에 대해 특수교육 프로그램 부서(OSEP)에 조언을 해 주는 것이었다. 명확하게 하자면, 미국장애인교육법의 Part B 유치원 프로그램과 Part C 프로그램이 아동에게서 책무성을 가져야 할 성과는 무엇이며, 이러한 프로그램에 참가하는 모든 유아를 위해서 우리가 성취하고자 바라는 결과는 무엇인가? 유아의 가족들을 위한 성과는 무엇인가에 대한 지침을 마련하는 것이다.

의미 있는 성과 진술문 개발하기

유아 성과 센터(ECO)는 유아와 가족의 성과에 대해서 폭 넓은 범위에 분포하는 이해 당사자 집단의 조언을 구하기 위해서 1년 이상 지속된 처리과정에 착수했다(Bailey et al., 2006). 유아 성과 센터는 유아와 가족에 대한 성과 측정을 위해 기존의 틀을 검토했고, 이 틀을 당사자 집단에게 제공했고 적절한 성과를 만들고, 발전을 이끌어 내기 위해 고려할 사항들에 대한 아이디어를 구했다. 이해 당사자들은 출생부터 5세까지의 특별한 영유아를 위한 통합된 일련의 성과에 대한 설명을 요구했다. 그들은 출생부터 3세까지의 유아와 3세에서 5세까지를 위한 프로그램 세트로, 혹은 다른 유형의 장애를 가진 유아들에 따라 다른 성과를 분류하고 싶어 하지는 않았다. 이해 당사자들은 또한 영역에 따르기보다는 기능 위주의 성과로 쓰인 것을 원했다. 기능 위주의 성과는 일상에서 아동에게 의미 있는 활동에 적용된다. 왜냐하면 중요한 과업을 달성하기 위해서 이런 성과는 아동 능력의 통합을 포함하기 때문이다. 이와 대조적으로, 영역은 평가 도구에서 발견되는 특정한 발달 영역, 말하자면 언어발달이나 기능 발달을 지칭한다. 마지막으로, 이해 당사자들은 도움을 받고 있는 유아들과 가족들 전 범위에 걸쳐 있는 더 큰 잠재성 때문에, 또한 각 주들은 이러한 성과를 기존의 것이나, 곧 있을 책무성 체계, 예를 들어 Head Start, 주 유치원 프로그램(보육계획) 및 주 조기교육 지침과 연결시킬 필요 때문에 범 세계적인 성과 진술물의 중요성을 규명하였다.

이해 당사자들의 의견에 따라, 유아 성과 센터(ECO) 직원들은 아동 및 가족 성과에 관한 초안을 작성하여 이해 당사자들에게 유포하였다. 초안은 합의가 거의 이루어질 때까지 반복적인 과정을 통해 수정되었다. 그 시점에서 성과는 공개적인 의견을 받기 위해 프로젝트 웹사이트에 게시되었다. 아동 관련 성과 진술문은 세 가지가 합의되었다. 가족 관련 성과 진술문 다섯 가지는 모두 조기중재 공동체에서 합의가 이루어졌다. 유치원 공동체는 두 가족의 성과를 지지했고, 세 번째 성과를 대체적으로 지지했다. 비록 성과 전부가 가족들에게 중요했다는 합의에는 도달했지만, 이해 당사자들 사이에서는 유아특수교육 프로그램이 마지막 두 가지 가족의 성과를 설명할 수 있도록 이루어졌는지에 대해서 합의는 없었다(유아 성과 센터와 가족성과 상세문에 대해 자세히 알려면 Bailey et al., 2006 참조).

제안되고 요구된 아동 성과

2005년 2월에, 유아 성과 센터는 전국적 자료 수집을 근거로 삼기 위해 특수교육 프로그램 부서(OSEP)에 일치되는 결과를 가져오는, 일련의 유아와 가족성과(〈표 1〉과 〈표 2〉)를 제출했다(유아 성과 부서, 2005). 그 문서는 유아와 가족의 성과 사이에 존재하는 중요하고 상호의존적인 관계를 강조했다. 이해 당사자들 과정에서 드러난 유아들을 위한 중요한 목표를 포함하기도 했다. 이 목표란 유아기 동안에 그리고 다양한 환경에 놓이게 될 미래에도 자신의 가족들과 지내는 가정에서와, 놀이방에서, 유치원이나 학교 프로그램에서, 지역사회에서 영유아들이 활동적이고 성공적인 참가자가 될 수 있도록 하는 것이다(유아 성과 부서, 2005, p. 2). 또한 가족을 위한 제일 중요한 목표는 이해 당사들에 의해서 입증되었다. 그것은 "가족들이 그들의 유아를 위한 보육을 제공할 수 있도록 하고 그들 스스로가 바라는 가족과 공동체 활동에 참가하는 데 필요한 자원을 가질 수 있게 하는 것"(p. 2)이다.

2005년 8월, 특수교육 프로그램 부서(OSEP)가 유아와 가족의 성과와 관련된 것(〈표 1〉과 〈표 2〉)을 보고하기 위해 각 주에서 무엇을 필요로 하는가를 발표했다. 비록 특수교육 프로그램 부서가 사용하는 아동 성과라는 단어는 유아 성과 센터 이해 당사자 사이에서 나온 결과와는 달랐지만, 이러한 차이는 세 가지 성과에 대한 의미에는 차이가 없었다. 특수교육 프로그램 부서는 주어진 일련의 한도 이내에서 유아의 성과 자료를 수집하는 접근방법을 고안하는 면에 있어서 각 주에 상당한 자유를 주었다. 각 주는 개별 유아가 Part C

〈표 1〉 유아 성과: 유아 성과 센터(OSEP)(Early Childhood Outcomes, ECO) 이해 당사자 과정에서의 진술서와 특수교육 프로그램 부서(OSEP) 보고 요건

유아 성과 센터(ECO) 이해 관계자 과정에서의 성과:
1. 유아들은 긍정적인 사회적 관계를 가진다.
2. 유아들은 지식과 기술을 습득하고 사용한다.
3. 유아들은 자신의 요구는 충족시키기 위해 적절한 행동을 취한다.

특수교육 프로그램 부서(OSEP) 보고 요건
향상을 보여 주는 개별화 가족 서비스 계획을 받는 영아(또는 개별화 교육 계획을 받는 유치원 유아)의 비율
1. 긍정적인 사회 정서적(socio-emotional) 기술(사회적 관계를 포함해서)
2. 지식과 기술의 습득과 사용(유아의 초기 언어/의사소통을 포함(Part C), 유아의 초기 언어/의사소통과 초기 문해 능력 포함(Part B 유치원)
3. 자신의 요구를 만족시키기 위해 적절한 행동 선택

나 Part B 유치원 서비스 둘 중의 하나를 시작할 때와, 유아가 그 프로그램을 끝낼 때 사이에 이루어진 발전 정도에 관해서 보고하도록 되어있다. 비록 유아가 오로지 하나의 영역에서만 요구조건을 가진다고 할지라도, 모든 세 가지 성과에 대한 자료는 각 유아를 위해서 요구된다. http://www.fpg.unc,edu/~eco/activities.cfm# RevisedRequirements.

제안되고 요구된 가족 성과

제안된 아동 성과문에 덧붙여, 유아 성과 센터는 특수교육 프로그

램 부서(OSEP)에 이해 당사자와의 논의에서 나온 일련의 가족 성과 문을 제출했다. 〈표 2〉에서 보듯이, 다섯 가지 가족 성과는 Part C 에 제안되었고, 제안된 다섯 가지 중 세 가지는 Part B 유치원에 적 용되었다. 추천된 가족 성과문의 개발에서 고려사항에 대한 자세한 정보와 의미는 그 밖의 다른 곳에서 개략적으로 설명되어있다 (Bailey et al., 2006 참조).

가족과 관련된 특수교육 프로그램 부서 보고 요건은 유아 성과 센 터 이해 당사자의 과정에서 나타난 가족 성과문을 포함하지는 않았 다. 게다가, 연방정부 수준에서 요구된 가족 지표들은 성과로 표현 되지는 않았다. Part C에서는, 주어진 성과가 성취되었는지에 대해 서가 아니라, 각 주의 가족들이 조기중재 서비스가 주어진 영역에서 도움이 되었는지에 대해서 보고한다. 이것은 그들이 자신의 권리(지 원)에 대해서 정보를 받았다고 말하는 가족과 실제로 자신의 권리 (성과)를 이해한다고 보고하는 가족 간의 차이다. Part B 가족은 3세 에서 21세까지 특별한 교육 서비스를 제공받는 모든 유아가 있는 가 족들에게 적용되며, 가족의 참여를 다루고 있다.

제안된 것과 요구된 가족 지표들 간의 차이에도 불구하고, 많은 주들은 가족 성과의 중요성을 인식해왔으며 성과물에 대한 정보를 수집하기로 하였다. 이런 노력에서 각 주를 돕기 위해 유아 성과 센 터는 가족 성과 설문 조사를 개발했는데, 이 설문지는 다섯 가지 가 족 성과에 대한 정보뿐만 아니라 연방정부 보고에 필요한 정보를 모 으는 것이다(Bailet, Hebbeler, Olmsted, Raspa, & Bruder, 출간 예 정).

〈표 2〉 가족 성과: 유아 성과 부서 이해 관계자의 과정에서 나온 진
술문과 특수교육 프로그램 부서(OSEP)보고서 요구서

유아 성과 센터 이해 당사자의 과정에서 나온 성과:

1. 가족들은 유아들의 장점, 능력, 특별한 필요조건을 이해한다.

2. 가족들은 자신의 권리를 알고 자신의 유아들을 위해 효과적으로 지원
   한다.

3. 가족들은 유아가 발전하고 배우도록 돕는다.

4. 가족들은 지원 체계를 가진다.[1]

5. 가족들은 바라는 서비스, 프로그램, 지역사회에서의 활동에 접근할 수
   있다.[a]

특수교육 프로그램 부서 연차 보고 요구조건: 가족 지표들, Part C

조기중재(EI) 서비스가 가족에게 도움이 되었다고 알리는 Part C에 참여
하는 가족들의 비율:

1. 권리를 안다.

2. 유아의 요구에 대해서 효과적으로 소통한다.

3. 유아들이 발전하고 배우도록 돕는다.

특수교육 프로그램 부서(OSEP) 연차 보고 요구−가족 지표, Part B

학교가 서비스와 장애 유아들을 위한 성과를 향상시키는 수단으로써 부
모의 중재를 촉진했다고 보고하는 특별 교육 서비스를 제공받는 유아를
키우는 부모들의 비율

1) 유치원 프로그램들이 성과 4와 5에 있어서 책임을 져야 하는지에 대한 유치원 단체 관계
   자들 사이에서는 어떠한 합의도 없었다.

성과 자료 사용하기: 여러 차원에서의 수혜

이 장은 2007년도에 저술되는 중이기 때문에, 각 주에서 유아와

가족의 성과에 대한 자료를 수집하고 보고하기 위한 여러 체계를 개발하려는 노력이 진척 중에 있다. 많은 주에서는 이 자료들을 연방 정부에 제공하는 데서 더 나아가 다른 중요한 목적에 사용할 계획을 가지고 있다.

주정부 차원

한 주가 유아와 가족의 성과에 대해서 좋은 자료를 원하는 데는 여러 가지 이유가 있을 것이다. 장애를 가진 영유아를 위한 프로그램은 주 기금뿐만 아니라 연방 정부 기금으로 운영되고, 주 정책 입안자들은 제한된 자원을 효율적으로 사용해야 하는 똑같은 책임을 가지고 있다. 책임성 확보의 필요성을 처리하는 데 덧붙여, 성과에 대한 주정부 차원의 자료가 프로그램을 향상시키는 데 사용될 수도 있다. 각 주에서는 다른 프로그램만큼 잘 운영이 되지 않을지도 모르는, 또는 유아와 가족들을 위해서 더 나은 성과를 얻기 위해 별도의 지원을 필요로 할지도 모르는 지역이나 프로그램을 밝힐 수 있을 것이다. 성과에 대한 자료는 전체로써 그 주가, 예를 들어 유아들이 더 긍정적인 사회적 관계를 구축하도록 돕는 부분에서 취약할 수도 있는 성과 분야를 가려내는 데 사용될 수도 있다. 성과에 대한 자료는 다른 집단에 비해서 효율적으로 발전해 나가지 못하는 유아나 가족들의 하위집단을 선별하는 데에도 사용될 수가 있다. 조기중재 종단연구(NEILS) 프로젝트는, 예를 들어 모든 가족이 조기중재 프로그램이 마칠 즈음 긍정적인 성과를 알려왔다고 했으나, 그 성과는 심각한 건강상의 문제가 있는 유아가 있거나 소수자 가족(minority families)이 있는 경우에는 긍정적이지 않았다(Bailey et al., 2005). 이들이 활용할 수 있는 성과 자료가 있으면, 각 주는 어디에서 그리고 누구에게 프로그램이 가장 성공적인지와 반대로 어디에서 어떤 가족을 위해서 프로그램이 개선될 필요가 있는지를 밝힐 수 있게 될 것이다. 많은 주에서는 그들 자신의 목적에 성과 자료를 사용할 계획을 세우기 때문에, 훨씬 더 많은 정보나, 연방 정부의 요구를 충족시키기에 필요한 제한된 정보보다는 더욱 빈번한 간격에서의 정보를 제공하게 될 시스템을 개발 중이다.

지역 차원

성과 자료의 힘은 더욱이 지역에까지 영향력을 확대시킨다. 지역 프로그램 감독자들은 성과 자료를 가진 주와 똑같은 질문에 정확하게 대답할 수 있다. 어떤 성과 영역에서 특정한 프로그램이 잘 활용되고 있는가? 그 프로그램은 어디에서 개선될 필요가 있는가? 유아들이나 가족들의 어떠한 집단에게 그 프로그램이 효율적인가, 그리고 어떤 집단을 위해 그 프로그램은 더 효과적일 필요가 있는가? 어떤 주제들이 전문적인 발전 양상에서 강조되어야 하는가? 그 프로그램은 새로운 교육과정을 필요로 하는지, 아니면 사용 중인 교육과정을 더 훌륭하게 활용할 필요가 있는가? 많은 조기중재와 유아특수교육 프로그램은 탁월한 성과를 수행하고 있지만, 이 중의 몇 가지는 그렇지 않을 수도 있다. 심지어 훌륭한 프로그램조차 프로그램이 실시되는 모든 가족과 유아에게 예외 없이 훌륭하지는 않을 수도 있다. 성과에 관한 정보는 프로그램의 장점과 단점을 밝혀내는 수단이다. 성과 자료를 보려는 의도가 프로그램의 잘못된 점을 밝혀내기 위해 존재해서는 안 되며, 서비스를 제공받는 모든 유아와 가족을 위해 가능한 최상의 성과를 획득하겠다는 목표를 가지고 프로그램 향상에 대한 지속적인 반성적 사이클에 관여해야 한다.

개별화 계획을 위한 성과 자료

성과는 개개인의 유아와 가족의 수준에서 입안되는데, 예를 들어 하나 또는 더 많은 성과 부문에서 한 유아가 어떻게 잘 하고 있는지에 대한 평가 같은 것이다. 주정부나 지역 차원에서는 덜 자세한 정보를 원할지도 모르지만, 훌륭한 평가 과정을 통해 이용할 수 있는 많은 정보는 개개인의 유아와 가족에게 영향을 미치기에 매우 가치가 있는 것이다. 이러한 자료는 개별화 프로그램 계획을 알려줄 수도 있다. 다시 말해서, 조금 시간이 지난 뒤 과정을 검토한 이후 목표나 전략을 조정하여 목표를 세우고 중재 전략을 선택하는 것이다. 유아 성과 센터는 종종 세 가지 특수교육 프로그램 부서 아동 성과와 개별화 가족 서비스 계획(IFSP) 또는 장애 유아를 위한 개별화 교육 프로그램(IEP) 성과 사이의 관계에 대해서 종종 질문을 받게 된다. 장애인교육법의 의도는(계속적으로 존재할) 팀들이 유아와 가족들의 독특한 요구조건과 장점에 따라 개별화된 계획을 작성하는 것이었다. 하지만, 특수교육 프로그램 부서 성과에 대한 자료를 수집해 온 (서비스의) 제공자들은 유아의 성과가 개별화된 계획에서 어떤 것이 포함되어야 하는지를 의논하는 데 있어 유용한 틀을 제공한다고 한다. 어떻게 유아가 성과의 부분 하나하나에서 잘 해나가고 있는지에 대한 논의는 성과 1, 2, 3의 일반적인 부분에서 어떤 개별화된 성과 개발의 도입부분이 될 수 있다. 이와 유사하게, (서비스) 제공자들은 어떻게 그 프로그램이 유아의 발달을 강화하도록 가족을 도울 수 있을지를 논의하기 위한 틀로써 다섯 가지 가족의 성과를 사용한다고 보고해왔다.

성과 자료를 효율적으로 사용하기

성과 자료가 전체적 수준에서 유용하게 쓰이기 위해서, 수집된 정보는 정확하고 시의적절하게 시스템의 각 수준에서 기능을 반영하여야 하며, 적절하게 설명되어야 한다. 개인적 자료와 통합된 자료 간의 구별은 성과의 사용을 이해하는 데 중요하다. 통합 자료는 한 집단의 유아들을 위한 자료를 나타낸다. 왜냐하면 이러한 자료는 백분율이 평균점수와 같은 통계로 요약되어져 왔기 때문이다. 예를 들어, 언어치료사인 오드리가 이 장의 시작에서 멜린다의 평가 결과를 부모와 함께 검토할 때, 그들은 개인적 자료를 보고 있다. 프로그램의 관리자가 주어진 성과 부분에서 향상을 이룬 아동들의 비율을 볼 때, 그 관리자는 통합된 정보를 보고 있다. 개인적 수준의 자료를 사용하는 데 덧붙여, 교사들이나 치료사들은 어떻게 유아들이 하나의 집단으로서 잘 해내고 있는지에 대한 전반적인 인식을 하기 위해 그들이 연구하고 있는 아동 모두를 위한 통합 자료를 볼지도 모른다. 활동 중 어느 것도 성과에 대한 질적으로 훌륭한 자료의 체계적인 수집이 없이는 불가능하다. 비록 프로그램은 유아들을 수년 동안 평가해오고 있지만, 다양한 도구가 사용되며, 똑같은 정보가 모두를 대상으로 해서 수집될 때만 자료는 학급, 담당 건수, 프로그램, 주 혹은 연방 수준에 통합될 수가 있다. 성과 자료를 향한 새로운 압박감은 주들이 이전에는 절대로 불가능했던 방식으로, 성과 자료를 수집하고, 제출하고 보고하기 위한 체제를 구축하는 결과를 야기하고 있다. 어떤 주에서는, 가족들, (서비스)제공자들, 관리자들, 지역의 행정전문가들, 그리고 주의 행정직원들은 성취된 성과와 습득한 행동에 대하여 그들의 책임 수준에 맞추어 질문을 할 수 있도록, 이러한 자료가 다층적인 수준(비밀을 지키기 위한 적절한 보호 장치와 오로지 권한을 부여받은 사람들만 제한적으로 접속하게 해서)에서 이용가능하게 될 것이다. 이것은 교실을 맡고 있는 교사가 그녀의 교실에서 유아들을 위한 자료에 접속할 수 있으며, 프로그램의 관리자가 프로그램에서 유아들을 위한 자료에 접속가능하며, 주의 행정가가 다양한 방식에서 통합된 주 전체의 자료가 있는 보고서를 받는다는 것을 의미한다.

유아 성과 센터는 각 주에서 유아의 성과가 가족에게서 나온 정보를 수집하는 데 사용되고 있는 가족 설문 도구들의 종류를 수집할 계획을 어떻게 세우는지 그 과정을 추적 중이다. 어떻게 각 주에서 유아와 가족의 성과를 측정하고 있는지에 대한 정보는 http://www.fpg.unc.edu/~eco/whatstates.cfm에서 볼 수 있다. 모든 주에서는 일반인들도 열람할 수 있도록 특수교육 프로그램 부서에 자료들이 전달되도록 하고 있으며, 거의 모든 주에서 이 정보가 게시되는 웹사이트를 갖추고 있다. 마지막으로, 많은 주에서 명확하게 아동에 대한 주 수준의 업무를 위한 웹사이트를 만들어왔으며, 어떤 경우에는, 가족들의 성과를 게시할 웹사이트도 만들었다(http://

www.fpg.unc.edu/~eco/pdfs/Links to State Web Sites. pdf and fpg. unc.edu/~eco/pdfs/FO activities part-C 12-28-06.pdf).

다음 단계

특별한 요구를 가진 영유아와 그들의 가족을 위한 효율적이고 의미 있는 측정과 연계된 많은 어려움에도 불구하고, 연방정부, 주, 그리고 지역(사적 자금제공자를 포함해서)으로부터의 계속적인 압박은 유아와 가족의 성과에 대한 계속적인 정보를 제공할 필요성이 지속적이게 한다. 이러한 요구는 유아의 수행능력에 대한 의미 있고 지속적인 정보를 수집하고 사용하는 프로그램에 있어 한 영역 내에서의 요청과 일관된 것이고, 이 정보를 바로 계획을 세우고 실행하는 것으로 연결시킨다[미국 유아교육협의회(national association for the education of young children, 2005) & 주 교육부 내 전국영유아전문가협회(National Association of Early Childhood Specialists in State department of education, 2003; Sandall, Hemmeter, Smith, & McLean, 2005)]. 이러한 자료는 성과 측정 체계가 시의적절하고, 의미 있으며, 질적으로 훌륭한 정보를 생산하는 방식에서 고안되고 수행될 때, 정책과 실천을 향상시킬 수 있는 잠재력을 지닌다.

이러한 자료를 만들어 내기 위해 요구되는 다양한 요소를 구축하는 일은 모든 수준에서의 시간과 자원들의 투자와 다양한 결정사항을 필요로 하는 거대한 프로젝트다(유아 성과 센터, 2004). 2006년도에는, 각 주에서 시행 중인 지역 프로그램에서 성과 자료 수집을 위해 주의 절차를 논의하는 일에 착수하면서, 가 주에서는 훈련과 활동에 가담했다. 많은 주에서는 이미 새로운 하드웨어나 새로운 평가 도구 개발에 투자를 했거나, 투자를 할 계획을 세우는 중이었다. 성과 자료를 수집하고 저장하고, 이전에 수집된 자료를 새로운 자료와 통합시키고, 새로운 보고서들을 만들어내기 위해서, 새로운 데이터베이스는 개발 중인 상태다.

많은 주에서 이제 그들의 성과 측정 시스템을 구축하기 시작했다는 것을 기정사실로 할 때, 주에서의 모든 잠재적인 자료 사용자가 적절한 형태로 된 질 좋은 자료를 접할 날이 몇 년이 채 남지 않았을지도 모른다.

각 주에서 유아와 가족의 성과에 대한 질 좋은 정보를 수집하고 통합시키는 것이 아주 매끄럽고 효율적인 방식으로 실천되도록 뒷받침하기 위해서는 수행해야 할 일이 많이 남아있는 상태다. 이 장은 자료를 위한 요구조건을 창출해 내고 있는 핵심적 사건 가운데 몇 가지를 설명한다. 독자들은 이러한 정보를 알고, 이러한 정보의 제공을 그들의 주에서 개발 중인 시스템에 제공하라고 추천하는 바다. 앞으로 수년 동안의 일들은 장애를 가진 영유아와 가족을 위한 서비스와 지원의 질을 향상시키기 위해, 성과의 잠재성이 실현될 수 있을지 없을지를 결정짓게 될 것이다. 유아와 가족을 위한 성과를 향상시키는 목표는, 그 목적지에 도달하기 위해서는 상당한 투자 가치를 필요로 하게 한다.

주

The contents of this article were developed under a cooperative agreement (H324L030002) to SRI International from the Office of Special Education Programs. U.S. Department of Education. However. the content does not necessarily represent the policy of the Department of Education, and endorsement by the federal government should not be assumed. You may contact Kathleen Hebbeler by e-mail at kathleen. hebbeler@sri.com.

참고문헌

Bailey, D. B., Jr., Bruder, M. B., Hebbeler, K., Carta, J., DeFosset, M., Greenwood, C., et al. (2006). Recommended outcomes for families of young children with disabilities. *Journal of Early Intervention, 28*, 227-251.

Bailey, D. B., Jr., Hebbeler, K., Olmsted, M., Raspa. M., & Bruder. M. B. (in press). Measuring family out - comes: Considerations for large-scale data collection in early intervention. *Infants and Young Children.*

Bailey, D. B., Jr., Hebbeler, K., Spiker, D., Scarborough, A., Mallik. S., & Nelson, L. (2005). Thirty-six month outcomes for families of children who have disabilities and participated in early intervention. *Pediatrics, 116*, 1346-1352.

Early Childhood Outcomes Center. (2004). *Considerations related to developing a system for measuring outcomes for young children with disabilities and their families.* Retrieved July 2, 2007, from http://www.fpg.unc.edu/-eco/pdfs/considerations.pdf

Early Childhood Outcomes Center. (2005). *Family and child outcomes for early intervention and early childhood special education.* Retrieved July 2. 2007, from http://www.fpg.unc.edu/~eco/pdfs/eco_out-comes_4-13-05.pdf

Harbin, G., Rous, B., & McLean, M. (2005). Issues in designing state accountability systems. *Journal of Early Intervention, 27*, 137-164.

Hatry, H. P. (1996). *Measuring program outcomes. A practical approach.* Alexandria, VA: United Way of America.

Hebbeler, K., & Spiker, D. (2003). Initiatives on children with special needs. In J. Brooks-Gunn, A. S. Fuligni, & L. J. Berlin (Eds.), *Early child development in the 21st century: Profiles of current research initiatives.* New York: Teachers College Press.

Hebbeler, K., Spiker, D., Mallik, S., Scarborough. A., & Simeonsson, R. (2003). *Demographic characteristics of children and families entering early intervention.* Menlo Park, CA: SRI International.

Hebbeler, K., & Wagner, M. (1998). *The National Early Intervention Longitudinal Study (NEILS) design overview.* Menlo Park, CA: SRI International.

Hogan, C. (2001). *The power of outcomes. Strategic thinking to improve results for our children, families, and communities.* Retrieved April 10, 2007, from http://www.nga.org/Files/ pdfl19990UTCOMES.pdf

Meisels, S. J.(2006). *Accountability in early childhood. No easy answers* (Occasional Paper No. 6). Chicago: Erikson Institute.

Morley, E., Vinson, E., & Hatry, H. P. (2001). *Outcome measurement in nonprofit organizations: Current recommendations and practices.* Retrieved April 10, 2007, from http://www.jndependentsector.org/programs/research/outcomes.pdf

National Association for the Education of Young Children. (2005). *Screening and assessment of young English-language learners:*

Supplement to the NAEYC and NAECS/SDE joint position statement on early childhood curriculum; assessment, and program evaluation. Washington, DC: Author.

National Association for the Education of Young Children & National Association of Early Childhood Specialists in State Departments of Education. (2003). *Early childhood curriculum, assessment and program evaluation*. Washington, DC: Author.

National Early Childhood Technical Assistance Center. (2007). *Annual appropriation sand number of children served under Part C of IDEA, federal fiscal years 1987-2007*. Retrieved March 30, 2007, from http://www.nectac.org/partc/partcdata.asp?text=1

Office of Management and Budget. (2007). *Guide to the Program Assessment Rating Tool (PART)*. Washington, DC. Retrieved April 10, 2007, from http://www.whitehouse.gov/omb/part/fy2007/2007_guidance_final.pdf

Osborne, D., & Gaebler, T. (1992). *Reinventing government. How the entrepreneurial spirit is transforming the public sector*. Reading, MA: Addison-wesley.

Sandall, S., Hernrneter, M. L., Smith, B., & McLean. M. (2005). *DEC recommended practices: A comprehensive guide*. Longmont, CO: Sopris West.

Scarborough, A. A., Hebbeler, K. M., & Spiker, D. (2006). Eligibility characteristics of infants and toddlers entering early intervention in the United States. *Journal of Policy and Practice in Intellectual Disabilities, 3*, 57-64.

Scarborough, A. A., Spiker, D., Mallik, S., Hebbeler, K. M., Bailey, D. B., Jr., & Simeonsson, R. J. (2004). A national look at children and families entering early intervention *Exceptional Children, 70*, 469-483.

Senate Committee on Governmental Affairs. (1993). *Government Performance and Results Act of 1993 report* (No. 103-58). Retrieved April 10, 2007, from http://www.whitehouse.gov/omb/mgnlt-gpra/gprptnl.html

Shepard, L., Kagan, S. L., & Wurtz, E. (1998). *Principles and recommendations for early childhood assessments.* Washington, DC: National Education Goals Panel.

W. K. Kellogg Foundation. (1998). *WK. Kellogg Foundation evaluation handbook.* Battle Creek, MI: Author.

질 높은 유아교육을 지원하는 교육과정의 체제

Kristie Pretti Frontczak Ph. D.,

Sarah Jackson M. Ed.,

Shannon M. Gross, M. Ed.,
Kent State University,
Kent, Ohio

Jennifer Grisham-Brown, M. Ed.,
University of Kentucky

Eva Horn, Ph. D.,
University of Kansas

Sanna Harjusola-Webb, Ph. D.,
Kent State University,

Joan Lieber, Ph. D.,
University of Maryland

Debbie S. Mattews, M.S.C.,
(Certificate of Clinical
Competence in Speech-Language
Pathology ; CCC-SLP) CCC-SLP
Marion Count Board of Education,
Jasper, TN

카머빌 초등학교에는 두 개의 통합교육 형태의 유치원 학급이 있다. 이 학급에서는 다양한 집단의 유아들이 매주 4일에 걸쳐 반나절 동안 참여하게 되어 있다. 유치원 교사인 제인과 미첼은 원장으로부터 그들이 사용하는 교육과정이 어떻게 그 해당 주의 유치원 교육의 기준과 연계되는지, 그리고 어떻게 그 교육과정이 유아특수교육 대상 세 유아의 성과를 향상시키는 것을 감독하기 위한 연방 정보의 요구조건을 충족시키는지를 설명하라고 요청을 받는다. 제인과 미첼이 그 임무를 시작할 때, 그들은 교육과정에 대해서 너무나 다른 생각을 가지고 있다는 점을 깨닫게 된다. 제인은 (지향되어야 할 교육과정은 바로) 그들이 계발하는 주간 수업 계획이라고 생각하지만, 미첼은 그들이 사용하는, 활동할 수 있는 아이디어로 가득한 출간도서라고 여긴다. 그들의 논의를 더 진척시켜보면, 제인과 미첼은 주정부 기준과 연방 정부에서 유아의 성과에 대한 해석과 그러한 기준에 있어 유아의 발달정도를 감독하는 방법에서 불일치를 발견하게 되는데, 특히 장애 유아에 대해서 그러하다. 두 사람은 모두 곧 그들이 교육과정이 무엇인지, 그 교육과정을 주 기준과 연계할 수 있는 방법, 연방정부 성과에 대해 유아의 향상을 보여 줄만한 자료를 그들이 가지고 있는지에 대해서 확신이 없다는 사실을 깨닫게 된다. 모든 유아(예를 들어, 특수한 요구를 가진 영유아와 비장애 유아)를 위한 교육적인 요구를 처리하기 위해서 그리고 유아들의 앞으로의 성공여부와 관련된 주정부와 연방 정부 법규를 따르기 위해 그들은 모든 유아를 위해 긍정적인 성과를 증진시키는 토대로서 교육과정을 개념화하는 방법에 대해 이해를 잘 하기 위해 시간을 할애하는 것에 동의하게 된다.

조기교육의 분야에서는 영유아를 위한 교육과정에 관심이 급증하고 있는데, 특히, 유치원(preschool-age)의 유아들이 무엇을 배우는지, 어떻게 배우는지, 진보는 어떻게 측정하는지에 관한 관심이 증대되고 있다. 그러한 관심은 부분적으로는 조기교육과 조기중재에 투자되는 기금에 대한 책무성에 대한 바람과 결부된, 조기교육의 영향에 대한 이해도가 증대되었기 때문이다(Scott-Little, Kagan, & Frelow, 2003). 이러한 이유로, 앞에서도 이야기한 것처럼 매일의 어려움이 언급되기도 하며, 질 높은 교육 기회가 영유아와 그들의 가족에게 제공될 수 있는 방식으로 논의될 뿐만 아니라, 영유아 교육과정을 더 잘 개념화하고 정의내리기 시작했다[유아교육 분과(The Division for Early Childhood, DEC), 2007; NAEYC (미국유아교육협회, National Association for the Education of Young Children) & 주 교육부 내 전국영유아전문가협회(national association for the education of early childhood specialists). 2003].

다양한 방식으로 정의된 교육과정은 서비스들이 체계적으로 고안되고, 수행되고, 평가되는 토대다[유아교육 분과(DEC), 2007; Hojnoski & Missall, 2006; Pretti-Fropntczak, Jackson, Mckeen, & Bricker, 출판예정]. 교육팀의 구성원들이 교육과정을 어떻게 바라보는가 하는 문제는 제공되는 서비스의 종류와 질에 영향을 미친다. 예를 들어, 만약 교육학자들이 교육과정을 단순하게 주별 주제로, 또는 즐길만한 활동의 집합체라고 본다면, 그들은 유아들의 현재의 장점과 필요사항을 평가하는 데 또는 계획된 활동이 유아들을 위해 바라던 성과를 가져올 수 있는지 없는지를 결정하는 데 관심을 많이 기울이지 않을지도 모른다. 게다가, 장애를 가진 영유아와 함께 하는 교육자들은 개별화 교육 프로그램을 교육과정이라고 보려는 경향을 가질지도 모르고, 따라서 교육이 이루어지는 면에서 초점의 범위가 너무 협소해지는 결과를 초래하게 된다. 일반적으로, 명확하게 규정되고 개념화가 잘 된 교육과정이 없이 업무를 수행하는 조기교육 교육자들은 영유아를 위해서 질 좋은 서비스를 어떻게 고안해서, 실행하고, 평가할지에 있어 근본적인 토대가 없다.

영유아와 그들의 가족을 위한 추천 실제에 의하면, 교육과정은 "목표, 내용, 교육학, 교수 실세를 포함하여 다양한 내용을 담고 있는 복잡한 아이디어"로 정의된다(유아교육 분과, 2007). 이 정의에 근거해서 나아가, 프로그램들은 교육과정을 정보를 분류할 수 있고 조직할 수 있는 수단으로 정의할 것을 제안한다. 이러한 것은 교육과정 체제(Curriculum frame work)라는 개념을 제안하게 한다. 이 장의 목적은 독자들에게 어떻게 하나의 교육과정이 유아를 위한 양질의 영유아 프로그램을 위한 토대로 역할하는 역동적인 시스템이 될 수 있는지를 보여 주는 것이다. 「장애유아를 위한 긍정적인 성과 증진-조기중재, 학령기 전 그리고 학령에 달한 프로그램 적용에 대한 교육과정 체제와 실례에 대한 자세한 설명을 위해 고안된 교육과정, 평가, 프로그램 평가에 대한 조언」이라는 유아교육 분과(DEC, 2007) 논문을 참조하라.

여기서 설명된 것처럼, 교육과정 체제는 영유아와 날마다 상호작용을 하는 서비스 제공자의 입장에서 유치원 프로그램을 위한 지침으로 뿐만 아니라 체계적으로 자료를 수집하고 유아의 발달정도를 문서화하는 메커니즘으로 기능한다. 교육과정 체제는 프로그램의 서비스 제공과 ① 활발한 참여와 학습을 증진시키는 것, ② 현재의 자료에 기반을 둔 유아를 위한 실천을 개별화하고 적응시키는 것, ③ 일상 내에서 유아의 학습 기회를 제공하는 것, ④ 가족들과 전문가들 사이에서 공유된 책임성과 협력을 확실하게 할 수 있도록 한다 (Grishan-Brown, Hemmeter, & Pretti-Frontczak, 2005).

교육과정 체제에 대한 예시

우리는 교육과정 체제에 대한 핵심적 요소를 설명하기 위해 우산을 비유로 사용한다. [그림 1]에서 나타나듯이, 우산의 총체(panel)는 우리가 추천하는 교육과정 체제의 네 가지 요소를 나타낸다. 그 요소들은 ① 사정(assessment), ② 범위와 순서(scope and sequence), ③ 활동과 교수(activityes and instruction), ④ 진보점검(Progress Monitoring)이다. "가능한 한 빨리(as soon as possible)"를 의미하는 머리글자 ASAP는 우리의 추천 교육과정 체제의 요소들을 이해하고 기억하는 데 교육자들을 지원하기 위한 노력에서 차용되었다.

우산의 천 조각들이 연결되어 있는 것처럼, 교육과정 체제의 총체는 함께 연결되어 있고 모든 프로그램의 실행을 위한 하나의 토대를 만들어낸다. 우산의 기능성은 우산의 전체 총체가 온전하고 구멍이

[그림 1] 협력적인 파트너십에 의해 지원되는 네 가지 추천 요소를 포함하는 교육과정 체제의 예시

없느냐에 달려있다. 마찬가지로 교육과정 체제는 영유아와 그들의 가족에게 질 좋은 서비스를 공급하기 위한 요소들을 놓쳐서는 안 된다. ① 아동의 현재 능력, 관심/선호도, 그리고 요구뿐만 아니라 가족이 보유한 자원, 선호, 염려(평가 관련)와, ② 발달과 학습(범위와 순서와 같은)을 위한 적절한 유아의 성과, ③ 성장을 보장하는 교수 전략과 지원(활동과 수업), ④ 아동의 발달과 학습을 평가하고 추적하는 절차(진보점검)를 파악함으로써 질 좋은 서비스를 제공하게 된다.

추천된 교육과정 체제는 의사결정을 위한 명확한 지침을 제공한다. 그리고 이 의사결정은 프로그램 전체의 일관성을 향상시키고, 의도된 성과를 유아가 획득하게 될 가능성을 높이게 될 것이다.

게다가, 철제 틀과 손잡이가 우산의 총체로 존재할 수 있게 해 주는 똑같은 방식에서 교육과정 체제도 역시 팀 구성원 간의 협력관계로 지원을 받는다[유아교육 분과(DEC), 2007]. 필요한 교수(instruction) 실행과 평가 노력을 통한 초기 사정(assessment)에서부터, 협력적인 파트너십이 개발되고 발전되는 것이 필수적이다. 특정 프로그램의 교육과정 체제를 입증하고 수행하고 평가하는 과정은 한 개인의 책임이 아니라 팀 수준에서 달성되어야 하는 것이다. 하나의 팀은 다양한 관계자(예를 들어, 가족 구성원, 교사/중재 전문가, 관련서비스 제공자, 행정가)의 견해를 대표해야 하고, 교육과정 체제가 성공적으로 수행되도록 필요한 지원을 형성시키는 협력적인 파트너십에 이르러야 한다.

교육과정 체제의 (구성)요소들

사정

추천 교육과정 체제의 평가 요소는 지속적인 관찰 과정과 유아의 수행능력, 그들의 관심사, 그리고 가족의 우선시하는 것과 필요로 하는 것의 문서화를 지칭한다(Bagnato, Neisworth, & Munson, 1997; Grisham-Brown et al., 2005; Neisworth & Bagnato, 2005). 교육과정 체제의 실행은 정확한 평가를 통해, 유아의 기초선이나 현재 수행능력 수준을 확립하는 것으로부터 시작된다. 개인의 발달 수준과 교육적 요구를 결정하는 과정은 유아교육팀에게 유아와 프로그램 목표를 정하는 데 본보기를 제공해 준다. 교수와 학습 과정의 이 지점에서, 교육팀에게 핵심적인 과제는 개별 유아의 현재의 기술과 능력, 관심사, 싹트는 기술과 능력, 다양한 수준에서 요구되는 우선순위 영역과 추가적인 지원의 종류를 이해하는 일이다.

특수아동협회 유아교육 분과[The Division for Early Childhood (DEC) of the Council for Exceptional Children(CEC), Sandall, Hemmeter, Smith, & McLean, 2005]와 전국 학교 심리학자 협회(National Association of School Psychologists)(2005)는 유아교육자들에게 학습 활동과 발달 수준의 중재를 이끌어 주는 데 적절한 평가를 수행하기 위한 유용한 지침을 제공한다. 두 단체는 모두 영유아의 기술과 요구에 대한 종합적인 이해를 산출하기 위해, 다양한 출처의 정보와, 다양한 평가 접근법 그리고 다양한 배경에서 모든 시간 범위

내에서의 정보 수집의 중요성을 강조한다(Neisworth & Bagnato, 2005). 게다가, 초학문적 원형(transdisciplinary arena) 평가, 교육과정에 기반을 둔 평가, 놀이에 기반을 둔 평가와 같은, 대안적인 평가 방식과 절차가 고려되어야 한다(Losardo & Notari-syverson, 2001).

　다양한 배경과 상황에 있어, 영유아의 현재 수행능력을 평가하는 것은 ① 요구의 우선순위를 정하기 위해, ② 교수적인 노력을 이끌기 위해, ③ 중재에 대한 반응과 진보가 문서화될 수 있는 토대로 기능하도록 하기 위해 필요하다. 영유아에 대한 정보 수집으로 사용될 수 있는 평가의 주요 예시는 체크리스트(예를 들어, 출생에서 5세까지 발달적 체크리스트, 유아탐색센터, 2006), 교육과정 기반의 평가[예를 들어, 하와이 조기학습 프로필(HELP; Hawaii Early Learning Profile; Vort Corporation, 1995)], 그리고 포트폴리오 또는 작업 샘플링 시스템(예를 들어, 작업 샘플링 시스템. Meisels, Jablon, Marsden, Dichtelmiller, & Dorfman, 1994). 다양한 종류의 평가를 정의하고 비교하는 것은 이 장의 범위를 벗어나 있다. 하지만, 추천된 평가 실제는 지속적으로 진정성 있는 평가 실천의 사용과 점차적으로 교육과정 체제의 "A" 요소로서 교육과정을 기반으로 한 평가를 사용할 것을 지지한다(Pretti-Frontczak 외, 출간 예정). 일반적으로 말해서, 교육과정을 기반으로 한 평가(CBAs)들은 목표가 된 개념들과 기술의 숙달을 위한 유아의 진보를 추적한다. 교육과정 기반 평가의 주안점은 교수계획과 팀 구성원들에게 유아의 수행에 대한 구체적 정보(유아가 아는 것 그리고 할 수 있는 것과 새롭게 나타나는 기술)를 제공하는 것 사이의 연계선상에 있다. 교수는 유아들의 현재 수준에 근거해 적절한 수준에서 이루어질 수 있고 추후에 시간이 지나면서 진전도는 평가된다.

범위와 순서

우리의 추천 교육과정 체제의 범위 요소는 발달상의(예를 들어, 운동, 소통, 사회성) 그리고 주제나 내용 영역(예를 들어, 수학, 과학) 전반에서 발견된 내용을 지칭한다. 범위는 앞으로 배울 내용의 깊이로 생각될 수도 있다. 교육과정 체제의 범위는 모든 아동에게 공통적이고 포괄적이다. 이것은 모든 유아가(장애가 있는 유아와 장애가 없는 아동) 이 같은 내용에 노출된다는 것을 의미하고, 그 같은 내용은 발달상의 중요한, 획기적 사건과 흔히 기준이나 성과에 따라 합의된 것을 포함해서 여러 가지 출처에서 나온 것이다. 발달상의 중요한, 획기적 사건은 ① 가정 내에서 만들어지고 상업적으로 살 수도 있는 체크리스트[예를 들어, 발달상의 중요한 사건. 질병 관리 본부(centers for disease control and prevention), 2006], ② 유아 프로그램에서 발달적으로 적합한 실제(DAP)를 위한 지침과 같은 출처들(Bredekamp & Copple, 1997), 그리고 ③ 영유아에게 사용되도록 고안된 평가들[예를 들어, 3세에서 5세까지의 창의적인 교육과정 발달상의 연속체(creative curriculum developmental continuum); Trister Dodge, Colker, & Heroman, 2005]. 지역, 정부기관, 주 그리고 연방정부 기준이나 성과는 또한 원하는 범위나 영유아에게 가르쳐야 하는 내용을 위한 지침을 제공한다. 예를 들어, 영유아와 관련된 여러 연방 법안의 부차적 인가로 인해 유아를 위한 주정부 기준의 그리고 장애를 가진 영유아를 위한 연방정부의 유아의 성과에 대한 발달이 그동안 이루어져왔다.

　범위와 순서에서, 단계란 전 발달 영역과 내용 영역 전부에서 기술과 개념을 가르치는 순서(order)를 나타낸다. 단계의 세 가지 형태는 발달적인 순서, 교육적인 순서 그리고 논리적 순서를 포함해서 기술과 개념이 교수되도록 한다. 유아기 동안에 얻게 되는 많은 기술과 개념은 전형적이고 예측 가능한 발달적 순서를 따르게 된다. 예를 들어, 많은 유아는 먼저 다른 물체에 기대어 서고, 돌아다니고, 그리고는 남의 도움을 받아 걷다가 아무 도움 없이 스스로 걷게 된다. 교육팀은 발달상의 큰 사건 차트나 알려진 발달상의 순서를 요약해 주는 다른 출처에 의존할 수 있다[예를 들어, 교육과정을 기반으로 한 평가(CBAs)]. 영유아기의 초기 기술과 개념은 또한 교육학적 증거나 또는 효율적인 교수에 관해 알려진 것에 근거해서 차례대로 배열될 수 있다. 예를 들어, 유치원 아동들에게 초기 문장 이해 능력을 가르치는 교육자는 운 맞추기의 이해를 돕기 위한 다양한 학습 활동을 제공할지도 모른다. 운 맞추기는 음운적인 인식의 중요한 부분이라고 인식되기 때문이다[국립 연구 위원회(National Research Council), 1998]. 운율 기술이 강화됨에 따라, 두운이 제시되고, 음소(phoneme)를 분할하고 섞는 것으로 그리고 나서, 유아가 준비가 될 때, 문자와 음성(letter-sound) 관련성이 뒤따르게 된다. 마지막으로, 다양한 기술과 개념을 가르치는 것은 때로는 논리적 순서에 따를지도 모른다. 논리적 순서는 필수적으로 발달상의 기대나 교육학적인 제안을 따르지 않는 순서일지도 모르지만, 팀 구성원들이 처리할 특정한 요구를 밝히는 과정을 통해 발생한다. 예를 들어, 만약 한 유아가 다른 유아를 때리고 깨무는 등 도전적인 행동을 보인다면, 다른 개념과 기술에 근거해서 교수로 나아가기 전에 도전적인 행동을 먼저 다루는 것이 필요할 수도 있다.

활동과 교수

비록 활동과 교수가 분리되어 설명된다 해도, 이 둘은 영유아와 그들의 가족과 협력을 할 때는 분리될 수가 없으며 따라서 하나의 단일한 교육과정 체제에서 나타낸다. 추천된 교육과정 체제의 교수적 요소와 활동의 구성은 중요한 개념과 기술이 다루어지고, 일상에서 유아의 관심에 따라 이루어지는 상황을 가리킨다(Grisham-Brown et al., 2005; Horn, Lieber, Sandall, Schwartz, & Wolery, 2001; Nieblinb, Roach, & Rahn-Blakeslee, 출간 예정). 일상 활동의 예시는 유아들이 지도를 받는 상황[예를 들어, 자유 놀이나 영역 활동들, 일상(예를 들어, 간식이나 도착시간), 또는 계획된 것([예를 들어, 써클 타임(circle time)이나 아트 테이블(art table), Pretti-Frontczak & Bricker, 2004])을 포함한다. 날마다 이루어지는 활동은 발달적인 것과 내용 영역에 전체적으로 개념들과 기술을 통합시키기 위해 고안된다. 예를 들어, 유아들이 큰 나무 블럭으로 탑을 쌓는 활동을 한다면, 블럭을 쌓을 때 소근육 운동 기술이 촉진되고, 탑의 공간관계, 블럭의 양, 배치 등을 고려할 때, 수학적 기술이 발달되고, 자신들이 만든 구조물에 대해 서로 이야기할 때 의사소통 기술이 촉진된다.

활동과 교수 요소의 구성체는 실천, 행동 그리고 내용을 전달하는 데 사용되는 방식을 일컫는다. 영유아를 위한 질 높은 교수는 반응적인 발달 관점에 기초한다. 반응직인 발달 관점이란 유아들이 사회적·물리적 환경과의 상호작용을 통해서, 유아 자신의 지식을 만들어내는 관점을 반영한다. 질 높은 교수는, ① 유아의 요구와 개인 선호도가 일상 활동을 해 나가면서 변하게 될 때 그 아동에게 반응하는 것(즉, 요구사항이 변할 때 교수의 강도를 변화시킴), ② 유아의 학습에 미치는 영향으로서, 성인들, 또래들, 그리고 환경의 규칙을 이해하는 것, ③ 다층적이고 다양하게 삽입되는 학습 기회를 창출하는 것, ④ 공통적인 성과, 목표로 삼은 요구사항, 개인적인 목표들 전체에 걸쳐서 모든 영유아 아동들의 요구조건을 만족시키기 위해 교수(쌓아올리기)를 수반한다. 발달에 민감한 관점을 아우르는 교수는 아동이 가진 장점과 기술을 이해하는 것과 의미 있고 상관있는 학습 경험을 창출하기 위해서 유아들에 대한 정보를 사용하는 것과 관련이 있다. 발달의 중요성을 인식하는 것, 유아들의 요구조건을 다양화시키는 것 그리고 환경적인 맥락은 유아가 개인별로 적절한 방식으로 학습 환경 내에서 일어나는 일에 접근할 수 있게 한다.

진보점검

추천 교육과정 체제에 대한 진보점검 요소는, 아동의 수행능력의 변화가 문서로 정리되고, 요약되고 시간의 흐름에 따라 해석되고 반복적인 피드백 고리를 형성하는 것을 지칭한다(Grisham-Brown et al., 2005). 아동의 수행능력을 모니터링 함으로써 얻어지는 정보는 ① 공통적 성과가 충족되는 정도를 평가하는 것(예를 들어, 유아들이 기대했던 대로 중대한 기술과 개념들을 획득하는지 어떤지), ② 의사 결정 양식의 토대가 교수의 정보를 알리고, 수정하고, 개정하기 위해 고안될 때로써, ③ 유아가 추가적으로 또는 더욱 높은 강도의 지원이나 교수를 필요로 할 때를 판별하는 것을 포함해서 이와 같이 다양한 목적에 사용된다.

진보점검은 일상의 실제를 알리기 위해서 뿐만 아니라 프로그램 수준을 결정하는 데에도 사용될 수 있는 형성적인 자료와, 총괄적인 자료 모두를 만들어 낸다. 형성적인 자료는 전형적으로 날마다 혹은 주 단위의 일정에 근거해서 수집되기에, ① 개인적이거나 공통적인 성과에 아동들의 진보를 기록하는 데, ② 중재의 효과를 모니터링하는 데, 그리고 ③ 교수를 수정하는 데 유용하다. 유아교육자들은 날마다 혹은 주 단위의 일화적인 메모 쓰기, 아동의 작업 샘플을 모으기, 체크리스트 완성하기, 교육과정에 기반을 둔 측정을 재실시하기(readminister)와 같이 자료를 수집하기 위해 다양한 방식을 사용한다. 비록 이외의 진보점검 전략을 정의하려는 것이 이 논문의 범위를 벗어나 있다고 해도, 교육과정에 기반을 둔 측정들(CBMs)은 점차 추천되어왔다. (a) 유아들의 중요한 발달과 내용 기술과 개념에 대한 유아의 발달을 점검하는 데 있어서 문서화된 신뢰성과, 그리고 (b) 한 유아가 더 많은 혹은 다른 양의, 또는 다른 교수의 형태를 필요로 할지도 모를 때, 팀 구성원을 바꾸는 것의 유용성 진보점검을 위해 교육과정에 기반을 둔 측정들(CBMs)을 사용한 예시는 초기 문해 능력 유아 개별 성장과 발달지표(Individual Growth and Development Indicators, IGDIS)인데, 시간이 지남에 따라 초기 문장 이해 기술을 반복적으로 측정할 수 있다(예: Mcconnell, Priest, Davis, & McEvoy, 2002).

총괄적 자료는 전형적으로 분기별 기준으로 또는 연례 기준으로 수집되며, ① 개인이나 집단의 유아들에게 무엇을 가르칠지에 대한 방향을 설정하고, ② 개인이나 집단의 유아의 공통적인 성과에 대한 발전 정도를 비교하고, ③ 책무성의 의무사항을 충족시키고, ④ 프로그램의 효율성을 평가하는 것에 유용하다. 유아 전문가들은 교육과정을 기반으로 한 평가(CBAs)의 재실시와, 핵심적인 관계 당사자에게 질문지나 설문을 배포하는 것과 같은 분기별이나 연례로 자료를 수집하기 위해 다양한 방식을 사용한다. 교육과정을 기반으로 한 평가는 유아의 현재 기술과 능력에 대한 포괄적인 설명을 제공하기 위해 고안된 것이어서, 프로그램 서비스를 제공받고 있는 모든 유아에 있어서 목표로 된 공통적인 성과나 핵심적인 내용의 숙달에 대해 아동들의 진보를 모니터링 하는 데 사용될 수도 있다.

교육과정 체제를 규정하고, 실행하고, 평가하기

네 가지 요소로 연결된 교육과정 체제의 설명에 덧붙여, 우리는 팀 구성원들이 교육과정 체제를 규정하고 실행하고 평가할 수 있는 여덟 단계의 반복적인 과정을 제안한다. 여덟 단계의 과정을 살펴보기 위하여 〈표 1〉을 참조하라. 추천된 단계들은 팀 구성원들이 프로그램의 교육과정 체제의 요소를 고려하고, 완전한 실행을 확실시하고, 계속적인 평가 활동에 참여함으로써 일련의 과정에 참여하도록 고안된 것이다. 비록 그 과정은 일련의 단계들로 제시되지만, 프로그램들이 다양한 단계와 관련된 과제는 동시에 달성될 수 있다는 사실이나, 단계의 순서 수정은 그 팀의 노력을 가장 잘 뒷받침하기 위해 필요할 수도 있다.

1단계는 교육과정 체제의 네 가지 각각의 이해를 확실히 하는 것이다. 우리는 네 가지 기초적이고 연결된 요소들, ① 평가, ② 범위와 순서, ③ 활동과 교수, 그리고 ④ 진보점검을 추천해 왔다. 네 가지 교육과정 체제의 네 가지 추천 요소를 이해한 뒤에, 프로그램의 서비스 제공자들은 주요관계자들의 대표들[예를 들어, 가정 방문자들, 순회 교사들, 가족구성원들, 공동체 구성원들, 관련된 서비스 직원들(personnel), 그리고 행정가들](2단계)을 구성할 준비가 되어 있다.

팀은 계획과 질 높은 교육과정 체제를 확립하는 다단계의 과정에서 필수적인 역할을 한다. 팀은 프로그램에 대해서 더 많이 알아야 할 책임을 가진다(3단계). (a) 프로그램의 의무와 그들의 프로그램을 정의하는 것을, (b) 서비스를 제공받는 유아와 가족의 수, 그리고 (c) 프로그램 직원들의 요구와 강점들 등이 그것이다. 팀에 있어 주요 과제는 그 프로그램이 네 가지 추천 교육과정 체제의 요소를 규정하였는지 알아보기 위해 실천방법이 있는지 또는 필요한지를 규명하는 것이다(4단계). 4단계는 한 프로그램의 교육과정 체제의 네 가지 요소로서 팀 구성원들 사이에서 흔히 무엇이 사용되는지와 앞으로 무엇이 사용될지를 결정짓기 위해, 현재의 프로그램의 실제뿐만 아니라 상업적으로 이용 가능한 제품을 검토하는 것이 포함된다.

팀이 프로그램의 교육과정 체제의 요소로서 제공되는 공통적인 실행을 알아낸 뒤에, 5단계를 준비하게 된다. 5단계는 최상의 실제를 지지하고 보증하려는 것이고, 선택되고 지시된 요소를 알려진 질 좋은 특징들과 비교하려는 것이다. 예를 들어, 평가가 편견이 없고 문화적으로 관련되며, 교육 실제에 있어 증거에 기반하고, 가족 주도적이고, 발달적인 면에 반응적인지를 확실히 할 필요가 있다. 다음으로 6단계에서는 팀이 교육과정 체제의 요소와 다양한 유아의 의무조항과 새로운 계획 사이를 연결시키도록 돕기 위해 고안된 것이다. 예를 들어, 앞에서처럼, 교육자들은 그들의 교육과정 체제를 주 기준에 맞추도록 기대될 수도 있다. 6단계에 이어서는, 팀이 교육과정 체제의 네 가지 요소를 공식적으로 채택하고, 프로그램의 교육과정 체제를 더 많은 사람들도 이용할 수 있게 한다(7단계). 규정된 교육과정 체제를 가시적이게 하고 모든 주요 관계자가 사용가능하게 하는 것은 프로그램의 목적과 바라는 서비스의 품질의 표현을 명확하게 하는 결과를 이끌어 내고, 이러한 목표를 성취하기 위한

Step 1: 교육과정 체제의 네 가지 추천 요소들을 이해하라							
Step 2: 주요 관계자들 대표로 이루어진 위원회를 형성하라							
Step 3: 프로그램의 장점, 요구사항, 임무를 검토하라							
Step 4: 교육과정 체제의 모든 네 가지 요소를 규정하고 확실시하라							
Step 5: 교육과정 체제의 요소들의 질을 확인하라							
Step 6: 지역, 주 그리고 연방정부의 새로운 계획/기준을 연결하라							
Step 7: 공식적인 채택을 찾아서 모든 핵심적인 이해 당사자들과 공유하라							
Step 8: 프로그램의 변화하는 요구조건에 맞추도록 교육과정 틀을 수행하고, 평가하고 조정하라							

[그림 2] 유아교육과정틀의 규정, 수행, 평가를 위한 8단계 과정

공동적인 제휴를 조성한다. 마지막으로 8단계는 교육과정 체제의 모든 요소들이 충실하게 수행되는지 그리고 인적 자원이 유아들과 가족들에게 효율적인 서비스를 제공하기 위한, 필수적이고, 계속적인 전문성 개발과 지원을 하고 있는지를 알아보기 위해 고안된 것이다. 비록 프로그램의 교육과정 체제를 규정하고, 수행하고, 평가하기 위한 여덟 가지 단계들이 순서적으로 제시되지만([그림 2]), 실제적인 수행 과정은 장점, 선호도, 개인적 다양성에 기반을 두고 여러 팀 구성원들과 여러 상황에서 더 역동적이고 상호작용적이다.

요 약

제인과 미첼은 그들의 디렉터, 유아의 가족 구성원들, 관련 서비스 제공자들과, 여러 달 동안 카머빌 학교의 교육과정 체제를 발견하기 위해 긴밀하게 작업을 했다. ASAPs 모델을 사용하고, 여덟 단계의 과정을 따르는 프로그램의 교육과정 체제를 정의하는 것이 그들의 작업에 있어 공통적인 목표를 확립하는 데 도움이 되었다. 반복되는 회의에서 그들 프로그램의 임무를 다시 논의하고, 프로그램의 현 위치를 검토하는 데 초점을 맞추었다. 이들이 여덟 단계를 거치면서 진전됨에 따라 프로그램의 필요성을 더 잘 이해하기 시작했을 때, 이전의 결정사항을 다시 논의하기 시작했다. 팀이 부딪혔던 가장 큰 난제는 유치원 프로그램에서 이용가능한 모든 자원을 검토하는 것이었다. 그들은 무수한 책들과 아이디어가 영유아를 위한 프로그램에서 이용가능하다는 사실을 발견했고, 이러한 것 때문에 어떤 자원들이 그들의 프로그램에 적당한가에 대한 결정을 어렵게 만들었다. 하지만 프로그램에 대한 임무나 전망을 항상 기억하는 것은 교육과정 체제를 정의내리기 위해 선정된 항목들이 영유아를 교육시키는 것에 대한 믿음과 그들의 임무와 전망에 맞추어지게 하였다. 그들의 협력을 통해 교육과정 체제의 네 가지 요소를 포함하고, 그들로 하여금 모든 유아가 그들의 프로그램에서 성취하려고 하는 성과를 위한 주 차원의 기준을 더 효율적으로 처리하게 해 주는 추가적인 자원들로 교육과정 체제를 증대시키는, 출판된 자료들을 채택함으로써, 카머빌 유치원 프로그램은 포괄적으로 ASAP 요소를 처리했다. 특히, 출간 자료가 초기 의사소통과 초기 문해력과 수학의 영역에서는 미흡하다고 결론을 지었다. 왜냐하면 그들의 주가 조기학습 내용의 기준을 발전시켰기 때문이다. 팀은 그들의 주 기준에 맞추어 종합적으로 조정되도록 하기 위해 교육과정 틀에 추가된 수학과 초기 문해력(literacy)을 위한 추가적인 자료들(resources)을 발견했다. 결국에는, 제인과 미첼은 둘 다 그들의 교육과정 체제가 그들이 서비스를 제공하는 유아들에게 효과적으로 지원하기 위한 필요로 하는 지침을 제공한다고 느꼈다. 팀원 모두는 시간이 흘러감에 따라, 그들의 프로그램과 공동체를 위한 맞춤 서비스가 계속 지속되도록 하기 위해서는, 그들이 교육과정 체제를 다시 논의할 필요가 있을 것이라고 동의했다.

공통의 초점과 서비스 제공에서 어떻게 탁월한 성과를 거두는지에 대한 이해를 위해서, 한 유아 프로그램의 질 좋은 교육과정 체제가 준비가 될 때, 유아들과 가족들은 혜택을 받게 될 것이다. 서비스를 제공받는 사람들의 다양성과 상관없이, 모든 유아를 위한 유아 프로그램은 접근, 참여, 발달정도를 입증할 책임이 있다. 따라서 팀이 교육과정에 대해 가지는 생각을, 포괄적이고, 모든 유아의 최적의 발달을 뒷받침해 주는 체제와 연결된 네 가지 요소를 포함하는 정도로까지 범위를 넓히는 것이 반드시 필요한 일이다. 우리는 프로그램계획을 위해 유아의 현재의 기술과 최근에 생겨난 기술 그리고 흥미가 문서화되어 있는 잘 짜인 교육과정 체제를 추천한다. 발달과 학습의 영역이 처리되는 모든 중요한 영역(즉, 범위와 순서를 통해 지도되는)과, 그리고 모든 유아의 다양한 요구사항(즉, 활동과 교수), 언제, 왜 유아들이 목표한 성과를 성취해 왔는가가 적소에 있도록 문서화하기 위한 절차를 수용할 수 있는 경험을 추천한다. 게다가, 우리는 어떻게 프로그램들이 개념화되고 교육과정 체제가 나타나게 될지를 어떻게 정의 내리는지에 따른 차이점들을 인식한다. 여덟 단계의 과정은 제안에 따른 배치, 질, 실행에서의 충실함 그리고 평가에 관한 진지한 논의를 통해서 교육과정 체제의 요소들에 대한 초기 생각에서 팀들에게 제안되었다.

주

You can reach Kristie Pretti-Frontczak by e-mail at kprettif@kent.edu

참고문헌 💡

Bagnato, S. J., Neisworth. J. T., & Munson. S. M. (1997). LINKing assessment and early intervention: An authentic curriculum-based approach. Baltimore. Paul H. Brookes.

Bredekamp, S., & Copple. C. (1997). Developmentally appropriate practices in early childhood programs. Washington, DC: National Association for the Education of Young Children.

Centers for Disease Control and Prevention. (2006) Developmental milestones. Retrieved on August 14, 2007 from http://www.cdc. gov/ncbddd/autisnl/actearly/.

Early Childhood Detection Center. (2006). Developmental checklists birth to five. Retrieved on August 14, 2007 from http://thechp.syr. edu/checklist_download.html.

Division for Early Childhood. (2007). Promoting positive outcomes for children with disabilities: Recommendations for curriculum, assessment, and program evaluation. Missoula, MT: Author.

Grisham-Brown. J. L., Hernrneter, M. L., & Pretti-Frontczak, K. L. (2005). Blended practices for teaching young children in inclusive settings. Baltimore: Paul H. Brookes.

Hojnoski, R. L., & Missall, K. N. (2006). Addressing school readiness: Expanding school psychology to early education. School Psychology Review, 35, 602-614.

Horn, E., Lieber, J., Sandall. S., Schwartz, I., & Wolery, R. (2001). Classroom models of individualized instruction. In S. Odom (Ed.), Widening the circle of inclusion: Including children with disabilities in preschool programs(pp. 46-60). New York: Teachers College Press.

Losardo, A., & Norari-Svverson, A. (2001). Alternative approaches to assessing young children. Baltimore: Paul H. Brookes.

McConnell, S. R., Priest, J. S., Davis, S. D., & McEvoy, M. A. (2002). Best practices in measuring growth and development for preschool children. In A. Thomas & J. Grimes (Eds.), Best practices in school psychology IV(Vol. 2, pp. 1231-1246). Washington, DC: National Association of School Psychologists.

Meisels, S. J, Jablon, J. R., Marsden, D. B., Dichtelmiller, M. L., & Dorfman, A. B. (1994). The Work Sampling System. Ann Arbor, MI: Rebus.

National Association for the Education of Young Children & National Association of Early Childhood Specialists in State Departments of Education. (2003). Early childhood curriculum, assessment, and program evaluation building an effective. accountable system in programs for children birth through age 8. Retrieved June 29. 2007, from http:/www.naeyc.org/about/positions/cape.asp

National Association of School Psychologists. (2005). National Association of School Psychologists: Position statement on early childhood assessment. Retrieved March 25, 2007, from http://www.naspon-line.org/about_nasp/pospaper_eca.aspx

National Research Council. (1998). Preventing reading difficulties in young children. Washington, DC: Author.

Neisworth, J. T., & Bagnato, S. J. (2005). Recommended practices in assessment. In S. Sandall, M. L. Hemmeter, B. J. Smith, & M. E. McLean (Eds.), DEC recommended practices: A comprehensive guide(pp. 17-27). Longmont, CO: Sopris West.

Niebling, B.C., Roach, A. T., & Rahn-Blakeslee, A. (2008). Best practices in curriculum, instruction, and assessment alignment. In A. Thomas & T Grimes (Eds.), Best practices in school psychology V. Bethesda, MD: National Association of School Psychologists.

Pretti-Frontczak, K., & Bricker, D. (2004). An activity-based approach to early intervention (3rd ed.). Baltimore: Paul H. Brookes. Pretti-Prontczak, K. Jackson. S., McKeen, L., & Bricker, D. (in press). Supporting quality curriculum frame-works in early childhood programs. In A. Thomas & J. Grimes (Eds.), Best practices in school psychology V. Bethesda, MD: National Association of School Psychologists.

Sandall, S., Hemmeter, M. L.. Smith, B., & Mcl.ean, M. (2005). DEC recommended practices: A comprehen-sive guide. Longmont, CO: Sopris West.

Scott-Little, C., Kagan, S. L.. & Frelow, V. S. (2003). Creating the conditions for success with early learning standards: Results from a national study of state-level standards for children's learning prior to kindergarten. Early Childhood Research & Practice, 5(2). Retrieved March 25, 2007, from http://ecrp.uiuc. edu/v5n2/little.html

Trister Dodge, D., Colker, L.. & Heroman, C. (2005). The creative curriculum developmental checklist for ages 3-5. Washington, DC: Teaching Strategies.

Vort Corporation. (1995). Hawaii early learning profile. Palo Alto, CA: Author.

영유아 연구에 주정부 기준과 개별화 교수 삽입하기

Katherin M. McCormick, Ph.D., University of Kentucky
Jennifer Grisham-Brown, M. Ed., University of Kentucky
Rena Hallam, Ph.D. University of Tennessee-Knoxville

프로그램의 효율성을 입증하고 유아의 지식, 기술, 기질 습득에 있어서의 진전을 기록하려는 노력에서, 많은 주에서는 유아가 알아야 하고 알 수 있는 것에 대한 일련의 공유된 기대를 서술하는 아동 성과 기준을 개발해 왔다(Neuman & Roskos, 2005). 효율성을 극대화하기 위해, 기준은 교사들에게 이해되어야 하고 그들의 매일의 활동들을 안내해야 한다. 요컨대, 기준은 평가, 중재, 그리고 매일의 활동, 일상 및 경험과 관련되어야 한다. 이 글의 목적은 통합형 프로젝트 교육과정 접근법을 사용해서 독자에게 주정부의 조기학습 기준 실행에 초점을 둔 개별화된 유치원 교육과정 계획과 연계시키는 전략을 제공하는 것이다. 우선, 우리는 조기교육 기준을 논의하고 특히 하나의 사례로써 한 주의 기준을 제시한다. 독자에게 기본적인 토대를 제공하기 위해, 우리는 한 유치원의 통합 교실 내에서의 교육과정 계획과 실행에 대한 프로젝트 접근법에 대한 간략한 서술과 함께 그 기준을 따른다. 이 토대를 가지고,

독자에게 하나의 통합형 프로젝트 교육과정 접근법 안에서 조기교육 기준과 유치원 아동 개인과 집단을 위한 계획을 연결하면서 유아교육자들을 위한 단계적 과정을 소개한다.

조기교육 기준

조기교육 기준은 주, 학군, 정부기관, 그리고 프로그램이 제공하는 서비스의 영향과 이 서비스를 받는 영유아들의 성과를 입증하고 기록하는 수단이 될 수 있다. 어떤 주와 프로그램 기준은 연방정부 계획(예를 들어, Good Start Grow Smart, National Head Start Reporting System)에 대한 직접적인 반응으로 고안되었다. 반면 다른 것들은 지역 차원에서 시작되었다. 미국유아교육협회(National Association for the Education of Young Children: NAEYC)와 주정부 교육직 유아전문가협회(the National Association of Early Childhood Specialists in State Departments of Education (NAECS/SDE)는 영유아를 위한 교육과정과 경험을 설명하기 위해 기준을 사용할 것을 지지한다(NAEYC & NAECS/SDE, 2003). 게다가, 조기교육 연구를 위한 국가협의회(the National Institute for Early Education Research)로부터의 증거는 교사들이 기준을 인지하고 기준과 관련된 실천을 실시할 때 아동 성과가 개선된다는 것을 시사한다.

켄터키 주에서는 조기교육 기준이 0세에서 5세까지의 모든 아동들에게 보편적이게 고안되었다(Kentucky Department of Education,

2006; see http://education.ky.gov/KDE or www.kidsnow.ky.gov).
그 기준은 두 개의 연령집단으로 나뉘어졌다. 이 연령 집단에 따른
기준 각각은 그 다음 일련의 연령 집단화된 기준에 맞춰 조정되므
로, 그 결과 다섯 개의 발달 영역(창의적 표현, 의사소통, 인지, 운동,
그리고 사회·정서)을 포함하는 0세에서 3세까지의 기준은 3, 4세 기
준에 맞춰 조정된다. 3, 4세 기준은 예술 및 문학, 영어/언어학(조기
문자해독능력), 건강교육(건강/정신적 행복), 수학, 과학, 체육(대근육/
소근육 운동기술) 그리고 사회의 내용 영역들로 구성된다. 3, 4세 기준
은 유치원에서 1~2학년까지(학령) 기준을 위한 초보단계 기술에 맞
춰 조정된다. 광범위한 일련의 기준에 덧붙여, 교사와 다른 제공자
들은 별개의 행동이나 지식에 대한 구체적인 설명을 제공하는 일련
의 기준들을 또한 사용한다. 기준들은 보여지고 측정될 수 있는 작
은 행동이거나 기술이다.

통합 프로젝트 교육과정 접근법 이해하기

Helm and Katz(2001)는 프로젝트 접근법을 "아동 개인 또는 집
단에 의해 특정 주제에 대한 면밀한 연구가 시행되는 교수법"으로
정의했다. 다음의 다섯 원칙은 프로젝트 기반 교육과정 접근법 실시
를 위한 이해를 돕기 위해 설명된다.

특히, 첫 번째 원칙은 조사의 주제가 아동들의 요구와 흥미에 근
거해서 선택되어야 한다는 것이다. 대부분의 경우, 프로젝트 내의

활동들은 유아들이 주도한다. 그러나 만약 기회가 쉽게 이용가능하지 않다면 교사가 목표 지식이나 행동의 습득을 위한 상황을 제공할 수 있다. 유아가 주도한 활동들은 유아가 자신의 행동을 선택하고 지시할 기회를 제공한다(McCormick, Jolivette, & Ridgley, 2003). 두 번째 원칙은 프로젝트 기반 접근법이 활동 중심 접근법이라는 것을 이해하는 것이다. 매일의 연구는 자료들을 다룰 활동적인 기회를 제공한다(Pretti-Frontczak, & Bricker, 2004). 세 번째, 프로젝트 활동들은 연령과 개별적 학습 요구 모두를 충족시키기 위해 발달에 적합하다. 네 번째, 일단 하나의 주제가 선택되고 교실에서 아동들에게 적절하고, 흥미롭고, 관련이 있다고 간주되면, 그 프로젝트를 적절한 기준과 연결하는 계획이 나타나야 한다. 모든 기준이 짧으면 2주에서 4주, 길면 한 학기 내내 지속되는 연구 기간 동안 다루어질 것으로 예상된다. 그리고 다섯 번째, 프로젝트 접근법은 하나의 연결된 평가/교육과정 모델의 사용에 의해 뒷받침된다(Bagnato, Neisworth, & Munson, 1997).

프로젝트 기반 교육과정 접근법은 다음 사항을 제공하는 것과 같이 추천되는 실행을 촉진할 수 있다. ① 문어와 구어를 모두 다루는 풍부한 언어 환경, ② 유아들이 기술을 배우고 연습할 기회를 제공하는 직접적인 경험, ③ 유아들이 다양한 목적을 위해 사용할 도구들, ④ 유아들이 자신의 경험에 대해 말하고 쓸 기회, 그리고 ⑤ 유아들이 목적이 있는 창의적인 과제와 놀이에 참여할 기회. 프로젝트 접근법은 유아들이 새로운 지식과 기술을 통합하는 상황을 제공하는 의미 있고 실제적인 경험을 가질 다양한 기회를 포함한다. 프로젝트에 참여하는 아동들은 자신의 물음에 대한 대답을 찾기 위해 유인물, 교실 참관, 실험 그리고 견학 등의 다양한 자원을 활용한다. 그들은 메모를 하고, 그림을 그리고, 표현적 구조물들을 만들고, 가설을 만들고 실험하고, 결론을 기록하고 문제를 해결한다. 유아들이 자신의 지식을 증가시킴에 따라, 자신의 가설을 검증하고, 결론을 수정하고 그리고 검증을 위한 새로운 가설을 형성한다. 그들은 일기를 쓰고 스케치를 하고 관찰을 기록할 때 다양한 기술을 사용한다. 그래프, 포스터, 도표 등의 다양한 표현 형식은 그들의 학습을 기록하고 서로서로 그리고 학교 동기들과 가족 등의 청중들과 정보를 기록하고 공유할 수단을 제공한다. 이러한 활동에 참여하는 동안, 아동들은 또한 창의적인 이야기를 쓰거나 프로젝트에 관련된 설명들을 만들 수 있다. 활동들은 유아가 주도한 것이며, 말하기, 쓰기, 읽기, 듣기의 기회를 제공한다. 요컨대, 프로젝트 접근법은 유아들이 관찰, 예측과 같은 상호적, 지적인 기술들을 발전시킬 뿐만 아니라 내용 기술과 읽고 쓰기, 수학, 과학, 사회 지식을 사용하고 적용할 다양한 기회를 제공한다(Helm & Katz, 2001).

〈표 1〉 유아 언어에 관한 주정부 기준과 두 가지 교육과정 기반 평가 도구

켄터키 주 기준 (3세와 4세)	
영역	언어 수학 과학 사회 건강 교육 체육 예술 및 문학

언어 기준	1. 의사소통과정의 전반적 기술과 전략을 보여 준다. 2. 듣기와 관찰 과정의 전반적 기술과 전략을 보여 준다. 3. 읽기 과정의 전반적 기술과 전략을 보여 준다. 4. 쓰기 과정의 시작 기술과 전략에서의 능력을 보여 준다.
기준 4에 대한 기준점은 쓰기 과정에서 시작 기술과 전략에서의 능력을 나타낸다.	4.1: 쓰기의 목적이 의사소통임을 이해한다. 4.2: 문자와 아이디어를 나타내는 마크, 그림, 상징을 만든다. 4.3: 쓰기의 물리적 측면들을 탐구한다.
	창의적 교육과정
영역	사회 · 정서 신체 언어 인지
주요 경험	듣기와 말하기 읽기와 쓰기
언어와 문해 차원	44. 읽기를 즐기고 가치 있게 여긴다. 45. 문자 개념에 대한 이해를 보여 준다. 46. 알파벳에 대한 지식을 보여 준다. 47. 문자에서 의미를 만들기 위해 초기 읽기 기술을 사용한다. 48. 책과 그 외 텍스트로부터 의미를 이해하고 해석한다. 49. 쓰기의 목적을 이해한다. 50. 글자와 단어들을 쓴다.

	사정(Assessment), 평가(Evaluation), 그리고 프로그래밍 체계(AEPS, 2nd ed.)
영역	소근육 운동 대근육 운동 인지 적응 사회-의사소통 사회성
요소	사회-의사소통(영역) 요소 A: 사회의사소통적 상호작용 요소 B: 단어, 구, 문장 만들기 소근육 운동(영역) 요소 B: 초기 쓰기 인지(영역) 요소H: 음운론적 인식과 초기 읽기
소근육운동 장기목표 요소 B 초기 쓰기	장기 목표 1: 세 손가락을 사용해서 잡고 쓰기 장기 목표 2: 가짜 글자 인쇄체로 쓰기 장기 목표 3: 이름 인쇄체로 쓰기

프로젝트 접근법은 장애와 특수한 요구를 가진 영유아에게 특히 중요하다. Helm and Katz(2001)은 이것에 대한 다섯 가지의 이유를 제시했다. 첫 번째는 프로젝트의 협력적 특성이다. 다양한 수준의 과제 집중력, 이동성 그리고 언어기술들을 요구하는 다양한 역할들은 프로젝트 조사의 일부다. 모두가 참여하며, 아직 습득하지 못한 기술과 행동을 위한 습득과 연습을 장려하는 기회뿐만 아니라 개인적 장점들을 최대한으로 끌어 낼 수 있는 기회들을 제공한다. 두

번째, 프로젝트 기반 조사는 유아의 흥미에 근거하기 때문에 모든 유아는 교구, 또래친구들 그리고 환경에 완전히 참여하도록 동기부여를 받는다. 이러한 높은 참여 정도는 특수유아들을 위한 기술 발전을 촉진한다. 셋째, 모두가 자신의 속도와 흥미에서 조사한다. 모든 유아가 동시에 같은 것을 하지는 않는다. 프로젝트들은 특수유아가 특수한 요구들을 충족시키기 위해 개별화될 수 있는 많은 경험과 활동들을 포함한다. 필요하다면 완전한 참여를 원활하게 하기 위해 개정되거나 수정될 수 있다. 넷째, 프로젝트 작업이 소집단으로 종종 시행되기 때문에, 팀 구성원들은 모든 유아가 반드시 개별화된 목표를 충족시키고 독립과 성공을 도와줄 필요한 수준의 개별화된 교육을 받도록 할 수 있다. 다섯째, 프로젝트 동안 아동들에 대한 진행과 활동을 기록하는 것은 개별화교육계획 목표의 획득을 기록하고 또한 모든 유아를 위해 사용되는 평가의 맥락 내에서 장점들을 기록할 실제적인 기회들을 제공한다.

프로젝트 기반 접근법에서 기준과 교육과정을 연결하는 단계적 과정

프로젝트 접근법은 교사들이 특수한 요구를 지닌 영유아들을 위한 개별화 교수에 대한 필요를 다루어야 할 뿐만 아니라 모든 영유아들에게 적용해야 할 주, 학군, 그리고 프로그램 기준을 충족시키는데 적합하다. 다음 부분에서는, 교사와 유아기 팀이 기준을 프로젝트 기반 교육과정에 연결하면서 작업할 때 따를 수 있는 활동의 여덟 단계가 제공된다. 그 여덟 단계는 다음과 같다. ① 유아들의 요구 결정하기, ② 주제 선택하기, ③ 내용에 대한 유아들의 내용에 대한 지식 평가하기, ④ 조기학습 기준 기반 계획하기, ⑤ 환경에 따른 변화 계획하기, ⑥ 자료 찾기, ⑦ 활동 계획 고안하기, 그리고 ⑧ 프로젝트 평가하기.

1단계: 유아들의 학습 요구 결정하기

프로젝트에 대한 구체적인 계획을 하기 이전에, 교사들은 아동 개개인의 요구뿐만 아니라 교실에 있는 유아들의 학습 요구에 대한 이해를 가져야 한다. 이것은 주정부의 조기학습 기준에 맞춰 조정된 교육과정 기반 평가를 사용함으로써 성취될 수 있다. 켄터키 주에서는, 일련의 교육과정 기반의 도구상의 시험 항목들을 주정부의 조기학습 기준에 맞추기 위해 많은 작업을 하였다(Rous, McCormick, Gooden, & Townley 참조, 출판 예정). 이 조정은 주 기준에 따라 유아들의 진보를 기록하기 위해 선택된 많은 준거 참조 도구 중 하나를 실시하는 교사들의 능력으로 귀결되었다(Rous, McCormick, Gooden, & Townley, 참조, 출판 예정).

영유아들을 평가하기 위한 추천실제는 실제적인 평가 도구들을 사용할 것을 지지하고(NAEYC & NAECS/SDE, 2003; Sandall, Hemmester, Smith, & McLean, 2005), 교수법을 알려주는 데 사용될 수 있으며(Bagnato et al., 1997), 중요한 프로그램과 주정부 기준에 연결된다(Grisham-Browon, Hallam, & Brookshire, 2006; Grisham-Brown, Hemmeter, & Pretti-Frontczak, 2005). 교육과정 기반 평가

를 안내해 주고(McLean, Wolery, & Bailey, 2004), 진정한 것으로 간주되며(Bagnato et al., 1997), 주정부의 많은 기준과 맞춰 조정되었다(Early Childhood Outcomes Center, 2005)는 점에서 이러한 권고들을 충족시키는 평가 속성을 가지고 있다. 다음은 두 명의 유치원교사가 학급 유아들의 요구를 결정하기 위해 교육과정 기반 평가를 어떻게 사용하는지를 보여 준다. 〈표 1〉에서 묘사된 것처럼, 평가들이 교실의 상황 내에서 관리될 수 있고, 그들의 프로그램 철학과 일치되며, 그들 주의 조기학습 기준에 맞춰 조정되어 있기 때문에 교사들은 이 도구들을 선택했다.

크리스티 선생님은 6세까지의 유아들에게 『평가, 사정, 그리고 프로그래밍 체계(Assessment, Evaluation & Programming System, AEPS. Bricker, 2002)』, 즉 교육과정 기반 평가를 사용하는데, 이것은 소근육 운동, 대근육 운동, 인지, 사회-의사소통, 사회성, 그리고 적응 발달 영역들을 포함한다. 학년초에, 크리스티 선생님은 AEPS를 융합 학급(Head Start/prekindergarten classroom)의 모든 아동에게 시행했다. 그녀는 AEPS 항목들을 관찰할 기회를 제공하는 일상 활동에서 유아들을 관찰함으로써 평가했다. 예를 들어, 유아들이 찰흙으로 조각물을 만드는 동안, 그녀는 그들의 소근육 운동 기술(뚜껑을 열고, 롤링 핀 사용하기), 인지 기술(색상, 모양을 명명하고 수를 세는 것)을, 그리고 사회적 의사소통 기술(또래들과 어른들과 말하기)을 평가했다. 모든 유아를 위한 평가 자료가 수집되었을 때, 그녀는 집단으로서 학급의 모든 유아뿐만 아니라 개별 유아를 위한 영역 점수를 얻었다. 그녀는 이 자료를 온라인 AEPS 시스템을 통해 보았는데, 이 시스템은 개인별과 집단별 성과의 그래프를 제공한다. 이 그래프들은 그녀가 교수에 대한 결정을 하도록 도왔다. 가족의 조언뿐 아니라 교실에서 수집했던 다른 관찰들과 더불어, 크리스티 선생님은 평가 결과에 근거하여 다음의 결정을 내렸다. 크리스티 선생님의 반을 위한 AEPS 자료는 그녀가 의심했던 몇몇 발견들을 확인시켜 주었다. 크리스티 선생님의 반 유아들 대부분이 4세였지만, 자신의 이름의 첫 자를 쓰는 법을 아는 유아들이 거의 없었고, 많은 유아가 알파벳에 대한 지식을 거의 갖고 있지 않았다(언어 기준에 포함된 행동들은 읽기 과정에서의 기술과 전략들을 보여 준다). 대부분의 유아들은 내년에 유치원에 갈 예정인데 이 사실은 그녀에게 놀라웠다. 그래서 크리스티 선생님은 유아들이 언어에서 주정부의 조기 기준을 충족시키는 과정을 기록하고, 프로젝트의 내용과 관계없이 모든 활동에서 초기의 읽고 쓰는 능력이 매우 강조되었다는 점에서 프로젝트에 대한 그녀의 계획과 시행을 설명하기 위해 AEPS 자료를 사용했다. 이와 비슷하게, 그녀는 자신의 반 유아들을 위한 개별화된 목표들을 규명하고, 프로젝트 기반 활동 동안 특수한 요구를 가진 영유아를 위한 개별화 교육 프로그램(IEP, Individualized Education Program)에 포함된 기술과 행동 습득이나 연습을 위한 기회들을 결정하기 위해 자료를 분석했다. 한 유아는 역시 4세였는데 2분 이상 어떤 활동에 참여하는 것에 큰 어려움을 겪었다. 이와 같은 어려움은 향후 다른 프로그램으로 옮겨 갈 때 걸림돌이 될 수 있으므로, 교사는 프로젝트 활동 시 개별화교육과 지원의 초점을 유아의 활동 참여

증대에 두었다. 이 예는 한 교사가 조기교육 기준에 연결된 프로젝트 기반 접근법 내에서 활동 전개 시 추천실제들을 어떻게 사용했는지 예증한다.

제니퍼 선생님은 자신의 유치원 학급 유아들을 평가하기 위해 창의적 교육과정(Creative Curriculum, Trister-Dodge, Colker, & Heroman, 2003)을 사용한다. 창의적 교육과정은 3세에서 5세 사이의 유아들을 위한 10개의 장기 목표와 50개의 단기목표를 사용함으로써 유아의 진전을 기록할 수 있는 기회들을 제공한다. 제니퍼 선생님은 여기에서 유아들이 언어를 사용하는 것에 많은 관심을 가지고 있다. 주정부의 언어 기술 기준에 따른 그들의 진보는 의사소통 과정의 일반적 기술 전략을 예증한다. 가족들과의 면담과 유아들이 노는 모습 관찰을 통하여, 선생님은 다양한 연속적 언어 습득을 기록하고 학급 내에서 사용한다. 어떤 유아는 자신이 원하는 것과 요구를 표현하기 위해 3, 4개의 단어로 된 단순한 문장들을 사용하는 반면, 다른 유아는 의사소통을 하기 위해 훨씬 더 긴 문장들(5개 단어 이상)을 사용한다. 다른 유아들은 의사소통하기 위해 언어가 아닌 제스처나 단어를 사용한다. 프로젝트 기반 활동을 계획할 때, 제니퍼는 각 활동이 언어 사용과 확장을 위한 다양한 기회들을 제공하는 것에 주의를 기울인다. 그녀는 또한 다양한 목적(질문하기, 진술하기, 대화에 참여하기)으로 언어를 사용할 기회를 제공하는 활동들을 계획한다.

74

평가 결과들은 이 선생님들에게 각 유아의 요구에 근거한 개별화를 위한 정보뿐만 아니라 반의 모든 유아를 위한 특정 기준들에 대한 정보를 제공한다.

2단계: 주제 선택하기

대부분의 프로젝트는 한 명 또는 한 집단의 유아들의 호기심을 자극하는 교실, 가정, 또는 지역사회에서 매일 일어나는 경험의 결과다. 교실에 있는 거북이나 운동장 뒤 개울가 걷기는 겨울잠이나 개울가나 연못에 사는 동물들에 대한 호기심을 불러일으킬 수 있다. 근처의 건축 프로젝트는 건축을 위해 사용되는 장비들에 대한 질문을 이끌어 낼 수 있다. 한 유아가 주말에 수의사를 방문한 일은 수의사에 대한 조사로 귀결될지도 모른다. 이들 중 어느 것이라도 풍부한 조사가 될 수 있다.

Helm과 Katz(2001)는 주제를 선택하기 위한 여러 가지 고려사항들을 제공했다. 첫째, 유아들에게는 구체적일수록 더 좋다. 영유아들에게는 직접 해 보는 경험들이 많이 필요하다. 만약에 조사가 장소(개울, 건축 현장 등)에서 행해진다면, 영유아들은 자주 그리고 쉽게 스케치북, 종이, 연필, 클립보드, 카메라 그리고 기록하거나 관찰하기 위한 다른 물건들을 가지고 방문해야 한다. 둘째, 만약 조사가 유아들의 삶에 관련되어 있고, 문화적으로 관련성이 있다면, 프로젝트들은 보통 더 성공적이다. 전형적인 주제적 접근법들은 종종 지역사회 도우미들이나 공룡과 같은 공통 화제들의 목록에서 선택된다. 프로젝트 접근법의 특성은 질문이나 주제가 아동들의 실제 질문과 진짜 경험에서 나오고, 교사가 유아들이 그 화제에 대한 이해를 얻는 것을 뒷받침해 주는 적절하고 관련된 경험을 하도록 촉진한다. 매일의 경험들을 쌓는 것은 유아들이 의미 있는 화제들과 관련시키고 그들이 자신의 세계에 대한 질문에 대답하도록 도와준다. 이러한 연결은 프로젝트를 위한 가족과 지역사회의 도움을 장려한다는 점에서 또한 중요하다. 가족은 도움이 될지도 모르는 일상의 자료들을 가져다줄 수 있고, 다른 지역사회 구성원들은 의미 있고 관련된 방식으로 참여할 수 있다.

  유아들이 연구할 일반적 분야나 화제를 선택한 후에, 그 계획은 시작된다. 교사를 포함한 팀 구성원들은 이전 학습과의 연결성과 교실에서 아동들의 생활과 그 화제의 관계를 고려한다. 예를 들어, 아동들은 그들의 지역사회에서 어떤 일이 일어나는지에 관심이 있다. 그들은 공동체 안에 있는 농산물(예를 들어, 젖소, 말, 콩 등)이나 기계(트랙터, 트럭, 콤바인 등)에 초점을 맞추는 프로젝트들을 선택할 수 있다. 유아들이 콩이나 옥수수와 같은 농산물의 생산과 추수의 조사를 결정하면서, 또한 이러한 농산물들을 처리하고 운송하는 기계의 사용에 대해 질문하기 시작할 수도 있다. 게다가, 여러 프로젝트는 동시에 조사될 수 있다. 어떤 아동들은 농산물에 대한 그들의 탐색을 계속할 수도 있고, 반면 다른 유아들은 다양한 흥미와 학습 스타일로 아동들의 요구와 흥미를 충족시킴으로써 새로운 연구를 시작할 수도 있다.

3단계: 내용에 대한 아동들의 지식 평가하기

프로젝트 접근법의 특징 중 하나는 유아들이 심도 깊은 조사에서 얻는 풍부한 지식, 즉 그 조사의 내용이다(Helm & Katz, 2001). 유아특수교육자들은 보통 학습에서 태도/기술의 습득, 배우는 방법에 초점을 맞추지만, 무엇을 배우는가가 간과되어서는 안 된다. 내용의 평가는 프로젝트의 각 단계 즉, 시작(계획), 실행, 그리고 활동 완료에서 나타난다. 팀은 유아가 선택한 주제가 실행 가능함을 확인한 후에, 다음 단계는 유아들이 이미 그 주제에 대해 무엇을 아는지를 결정하는 것이다. 이것은 교육과정 웹(a curriculum web, 이 논문의 마지막에 설명) 또는 a Know, Want to Know, and Learn Chart (KWL; Vukelich, Christie, & Enz, 2002)의 사용을 통해 이루어질 수 있다. 이 차트는 유아들이 현재 아는 것, 알고 싶어 하는 것, 그리고 그 프로젝트를 통해 배운 것의 시각적인 표현이다. 교사들은 또한 면담과 토론을 통해 아동 개인의 정보를 얻는다. 교사들은 display webs 또는 KWL 도표가 교실에서 유용하다고 생각한다. 유아들은 그 차트에 독립적으로 새로운 지식을 더할 수도 있고 새로운 질문을 제기할 수도 있다. 다른 교사들은 그들이 배운 것 또는 우리가 다음에 알고 싶어 하는 것을 검토하기 위해 그 도표를 시각적 도구로서 사용한다.

연구 기간 동안, ① 개인적 포트폴리오(쓰기 견본), ② 작품(개인 또는 집단)과 구조물, 또는 그림, 그리고 ③ 관찰과 일화기록과 같은 내용 지식의 습득을 기록하기 위해 다양한 전략이 사용될 수 있다. 레지오 프로그램(Reggio-inspired programs)에서는, 프로젝트 조사를 문서화하는 것은 조사 주제에 대한 아동들의 질문, 경험 그리고 생각을 입증하는 노력을 반영한다(Forman & Fyfe, 1998). 프로젝트 들은 학교와 지역사회 주민을 위한 전시, 책, 일기, 그리고 공연을 통해 유아의 지식을 보여 주고 기념하기 위해 보통 누적된 활동들을 포함한다. 그러므로 이 접근법에서 평가는 두 가지 목적을 위해 이 루어진다. ① (1단계에서 설명한 대로) 기준을 충족시키는 유아의 진 보를 문서화하기 위해서, 그리고 ② 조사로부터 습득된 내용 지식을 기록하기 위해서다.

4단계: 조기학습 준거 기반 계획

일단 교사가 ① 학급의 집단뿐만 아니라 각 유아가 조기학습 기준 (예, 바람직한 성과)에 도달할 수 있는 진보를 확인하고, ② 학급의 아 동들에게 흥미롭고, ③ 유아들이 아직 알지 못하는 내용의 주제를 결정하면, 계획을 세울 시점이다. 4단계는 조기학습 준거와 프로젝 트와 관련되고 교사가 조기학습 준거가 다루어질 수 있게 하는 활동 들을 확인하는 것을 포함한다. 이 과제들은 교육과정 웹상에 그려진 다. 교육과정 웹은 전체적 주제와 기준/바라는 성과, 그리고 활동들 사이의 관련을 보여 주는 하나의 시각적 계획 형식이다. [그림 1]은 동물원 동물이라는 주제에 관한 교육과정 웹의 한 예를 보여 준다. 주제 상자 주위의 상자들은 기준과 관련된다(예: 과학, 수학, 읽고 쓰 기 능력, 등등). 이 웹을 만든 교사는 이 프로젝트를 통해 가르칠 수 있는 주정부의 조기학습 준거로부터 나온 기대되는 성과를 확인하 기 위해 아동 평가 정보를 사용했다. 예를 들어, 과학에서, 기대되는

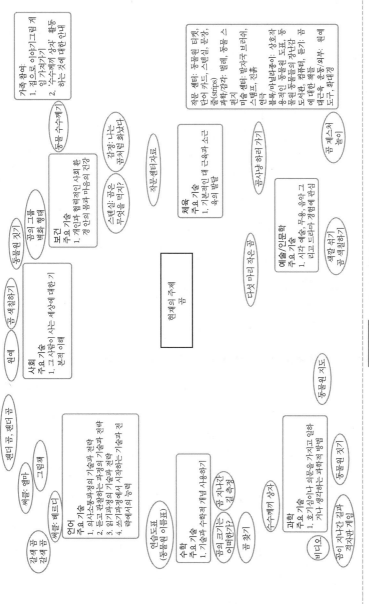

[그림 1] 교육과정 웹의 예시

성과는 예상하고, 관찰하기 위한 도구를 사용하고, 지도/도표를 만드는 것이다. 일단 기대하는 결과가 규정되면, 유아들과 교사는 기대하는 결과들을 설명하고, 조사와 기준 습득을 위한 메커니즘을 제공하는 활동들을 규정한다. 예를 들어, 동물원 견학을 준비하면서, 교사와 아동들은 동물원 지도를 만들 계획을 세우고, 동물원의 모형을 짓고, 찰흙을 빚어 곰을 만든다. 이 활동들이 중요한 과학 기준들을 다루면서, 또한 읽고 쓰는 능력과 창조적 기술 같은 다른 기준도 다룬다. 게다가, 이 활동들은 그들이 관심을 갖고 있는 주제들에 대한 아동들의 질문을 용이하게 하는 상황 내에서 시행되는데, 이 경우에는 그 주제는 곰과 그 외 동물원 동물들이다.

5단계: 환경에 따른 변화 계획하기

일단 기대하는 성과와 활동들이 규정되었다면, 다음 단계는 유아들이 조사를 잘할 수 있도록 하기 위해 환경에 맞추어 무엇을 수정해야 하는가를 결정하는 것이다. 여기에서, 우리는 유치원 교실 내부에 있는 전형적인 학습 센터들과 전형적 교실의 일부는 아니지만 프로젝트 조사에 필요한 그 활동들/환경들 두 가지 모두를 가리킨다. 전형적인 학습 센터들의 변화를 계획할 때, 교사들은 반드시 기준과 아동들의 개인 학습 목표를 다룰 수 있는 교구들이 이용 가능하도록 해야 하고 프로젝트 조사와 탐구를 위한 기회들을 제공해야 한다. 예를 들어, 만약 쓰기 목표를 가진 유아들이 많이 있다면, 쓰기 센터에는 쓰기 재료들이 많이 있어야 하고, 다른 센터들은 다른 발달적 요구를 가진 유아들이 관찰한 것을 기록하기 위하여 사용되어야 한다. [그림 1]은 로빈 선생님이 유아들이 동물원 동물들을 조사하려고 할 때 환경을 수정하기 위해 사용하려고 계획하는 교구들 중 일부를 보여 준다. 교구들이 그녀의 계획에서 규정된 기준들의 많은 부분을 다룬다는 것을 유념해야 한다. 예를 들어, 돋보기는 유아들이 관찰 도구로 사용하게 할 것이고, 쓰기 센터에 있는 동물 단어 카드는 유아들이 자신의 어휘를 확장할 수 있게 할 것이다.

6단계: 자료 찾기

교사들과 다른 팀 구성원들이 프로젝트를 위해 계획하기 시작할 때, 그들은 또한 프로젝트를 시작하기 위해 필요한 자료들을 찾기 시작한다. 인쇄 자료들은 프로젝트 조사에 필수적이다. 이것들은 정보를 담고 있고 상업적인 자료들뿐만 아니라 픽션, 논픽션, 학급 또는 아동 창작 작품집을 포함할 수 있다. 교사들은 학교, 지역 사회, 그리고 심지어 학급 아동들의 가족 서재를 포함한 다양한 원천에서 인쇄자료에 접근할 수 있다. 공공 기관들과 기업들 또한 인쇄 자료의 풍부한 원천이다. 사진, 인터넷 자료, 비디오 그리고 오디오 같은 다른 미디어 또한 중요하다. 노래, 시, 그리고 게임들 또한 유아들이 프로젝트를 시작할 때 유용한 자료다. 극놀이와 쌓기를 위한 자료들과 기록, 쓰기, 녹음, 그래프 그리기를 위한 자료들도 중요하다.

학교와 지역사회 자료의 연결은 프로젝트 기반 조사를 계획할 때 중요한 측면이다. 빈번하게, 교사들은 그 학급의 유아들과 어른들이 추구하고자 하는 프로젝트를 설명하고 가족 지원과 참여를 요청하는 편지로 가족 참여를 청한다. 가족은 자료를 제공할 뿐만 아니라 그들의 지식과 전문지식을 공유할 수 있다. 계획이 계속되고 자료들이 확인됨에 따라, 지역사회와 가족문화, 그리고 집단 기여를 위한 기회들이 강조되고 프로젝트 내에서 통합될 수 있다. 예를 들어, 가족들은 사랑하는 가족의 애완견에 대한 이야기, 그들의 문화 속에서의 동물들의 위상에 대한 전래동화 그리고 동물원에 있는 동물들을 포함하여 동물들에 대한 돌봄과 대우에 대한 정보를 공유할 수 있다. 동물보호소 같은 지역 사회 구성원들이 동물들을 돕고 돌보는 그들의 역할을 설명하기도 하면서 참여할 수도 있다. 이와 같은 협력은 유아들이 가족과 지역사회 구성원들의 전문지식과 가치를 인식하고 이해하도록 한다.

7단계: 활동 계획 고안하기

[그림 1]은 환경에 맞춘 수정과 잠재적인 자료가 예상되는 계획 웹을 포함한다. 그러나 유아들이 주제를 탐험하고 조사할 때 예상하지 못했던 활동들이 첨가되기도 하고 삭제될 수도 있다. 계획 과정의 이 부분은 프로그램의 모든 아동에게 적용된다. 하지만 통합학급에서, 아동들 개인의 필요 또한 다루어져야 한다(Grisham-Brown 외, 2005). 이러한 개별화된 구성 요소가 이 과정 7단계의 목적이다.

Pretti-Frontczak과 Bricker(2005)이 설명하듯이, 하나의 활동 계획은 활동 일정의 수정이다. 활동 계획은 어떻게 아동들의 개별적 목표들이 프로젝트와 관련된 계획된 활동들에 적용되고 있는가를 묘사한다. 활동 계획들의 목적은 프로젝트가 실행되고 있는 동안 학급의 각각의 유아의 개별적 목적이 다루어지는 것을 보장하는 것이다. 모든 유아가 흥미로운 활동에 참여하고 그들이 관심 있어 하는 주제와 관련된 내용을 배우는 것이 필수적이지만, 현재의 책무성 분위기는 적절한 과정이 독립적으로 성취되지 않을 때 반드시 유아들이 더 많은 개별화 교육을 받도록 한다. 개별화 교수는 유아의 진보를 보장한다는 것을 나타내 준다. 활동 계획을 만들 때, 계획들이 발전됨에 따라 교사는 유아의 개별 목표를 열거할 수 있다. 분명히, 특수한 요구를 가진 영유아는 개별화 교육 프로그램(IEP)의 일부인 개별화된 목적이나 목표를 가질 것이다. 그러나 우리는 1단계에서 수집된 평가 정보에 근거하여 모든 유아가 규명된 개별화된 목표들을 가지고 있음을 지지한다. 해당하는 주의 교사는 날마다 계획된 활동들을 확인한다. 계획된 활동들은 교사가 계획하고 지시하는 것인데 대집단 활동과 소집단 활동 같은 것이다. 웹을 만드는 동안 교사가 규정한 많은 활동은 계획된 활동일 가능성이 높을 것이다. 웹 활동을 완성함으로써, 교사들은 활동이 모든 유아를 대상으로 설명될 조기학습 기준에 대하여 인식한다. 개별 아동 활동 계획은 교사가 어떤 개별화 목표들이 가르쳐질 수 있을지 결정할 수 있도록 그 활동을 분석한다. 게다가 유아들과 함께 일하고 있는 교실의 모든 성인은 그들을 가르칠 기회가 있을 때 아동들의 목표들을 더 인식하게 될 가능성이 높다.

[그림 2]는 활동 계획의 예를 나타낸다. 예를 들어, 월요일에 소집단 활동(찰흙을 빚어서 곰 만들기) 동안에, 한 유아가 단어와 구를 사용할 목표를 가지고, 또 다른 한 명은 물건을 비교할 목표를 가진다.

월	목표기술	작업표본	회	목표기술	작업표본
활동 선택: 동물원 짓기	J: 타협/토의하기 B: 견해와 요구 표현하기	사진 일화기록틀	활동	J: 타협/토의하기 B: 견해와 요구 표현하기	사진 일화기록틀
활동 소집단: 점토동물 모델링하기	K: 단어와 구 사용하기 ch: 대상들 비교하기	작업사진틀 수수께끼 일화기록틀	활동 수수께끼 상자 선택	K: 단어와 구 사용하기 ch: 대상들 비교하기	작업표본틀 사진 일화기록틀
활동 대집단: 엄마	B: 소리 시각하기 J: 문자 시각하기	일화기록틀	활동 소집단 벽화	B: 소리 시각하기 J: 문자 시각하기	일화기록틀 사진

[그림 2] 활동 계획의 예시

84

교사는 그 목표의 해당자를 알기 위해 유아의 이름 머리글자를 목표 옆에 적었다. 종종 교사들은 유치원 학급에 있는 대부분의 유아들이 비슷한 목표를 갖고 있음을 발견한다. 예를 들어, 단어와 구를 사용하는 것과 비슷한 목표를 가진, 특별한 교육 서비스를 받는 유아들이 많이 있다. 그러한 상황에서는 교사는 각 유아의 머리글자를 그 목표 옆에 둔다. 교사가 계획을 하면서, 유아들의 활동 계획상에 놓일 때 적어두었던 유아들의 목표들을 지운다. 그러나 학급의 개별 유아가 모든 활동에 있어 개별적 목표를 가질 가능성은 낮다. 계획된 활동 동안 규정된 목표들이 다루어지는 강도와 빈도는 그 유아의 습득 비율과 목표의 중요성에 따라 달라진다. 기술을 더 빨리 배우는 유아들이 학습에 어려움이 있는 아동들보다 개별화 교수 기회가 더 적게 요구될 수도 있다. 의사소통하는 법을 배우는 것과 같이 일상생활에 영향을 주는 중요한 목표들을 가진 아동들은 이러한 행동들을 연습할 기회가 더 자주 필요하고 다른 덜 중요한 목표들보다 그러한 목표들을 습득하는 데 더 의도적인 교육이 필요할 수 있다.

8단계: 프로젝트 평가하기

일상 활동에 미치는 영향에 대한 평가, 기준에 대한 각 유아의 진보에 대한 교수 평가, 개별화 교육 프로그램 목표 평가, 그리고 내용 지식 평가는 필수적이다. 팀 구성원들은 다양한 방식으로(1단계와 3단계에서 먼저 말한 대로) 이것들 각각[즉, 내용 지식과 기준을 향한 진전과 장애유아를 위한 개별화 교육 프로그램(IEP) 목표들]을 평가하는 전

락들을 개발한다. 그러나 평가는 오직 그 과정의 절반에 불과하다. 교사와 팀 멤버들은 일상 활동의 효율성과 평가 자료에 근거한 교육에 대하여 정직한 반성과 엄격한 평가에 참여해야 한다. 교사들은 이 단계 동안 다양한 전략들을 사용한다. 처음에, 그들은 작업 샘플들을 모을 뿐 아니라 활동하는 동안 유아의 수행을 기록한다. 시간이 허락한다면 그들은 이것들을 즉시 분석할 수 있다. 그러나 대부분의 학급에서, 분석은 그날의 마지막에 이루어진다. 모든 팀 구성원들로부터의 매일의 기록과 일지는 학급과 아동 개인에 대한 중재의 효율성과 팀 결정을 위한 자료로 사용된다. 어떤 팀들은 특정 아동들뿐만 아니라 모든 유아를 위한 조사의 효율성을 확인하기 위하여 이런 종합적인 심사숙고를 하기 위해 일주일에 한 번 만난다. 그들은 그 주제를 더 깊이 연구하거나 연구를 확장하고 싶어 하는 아동들의 조사를 돕기 위한 전략들을 논의할 뿐만 아니라 활동으로 특별히 동기가 부여되지 않는 유아들을 돕기 위한 방법들을 논의한다. 유아의 기준 습득과 개별화된 목표들을 달성하기 위한 연구의 효율성에 대한 논의가 이루어진다. 팀 구성원들은 그 주 동안 알아낸 내용 부분에 있어서의 차이를 설명하고, 계속되는 연구에 적용될지도 모르는 활동들이나 학습 경험들 그리고 목표로 하는 학습 요구들을 제안할 수 있다.

논 의

유아가 주정부에서 수립한 기준을 습득하기 쉽게 하고, 장애를 가진 유아를 위한 교육과 중재를 개별화하기 위한 프로젝트 기반 접근법의 사용은 많은 이유에서 전망이 있다. 그 접근법은 유아와 유아특수교육에서 추천되는 실제에 적절하게 알맞다. 교사와 다양한 수준의 전문 지식을 갖고 있는 팀 구성원들은 쉽게 그것의 사용에 능숙해질 수 있다. 프로젝트 접근법은 가족과 지역사회의 참여를 촉진하고, 다양한 지역사회와 문화적 배경을 지닌 가족들의 기여를 존중한다. 그것은 주의력, 행동, 언어, 인지 학습 요구를 쉽게 수용하는 반면, 보편적 학습 원칙들을 지지한다. 요컨대, 프로젝트 접근법은 유아의 선택, 독립, 호기심, 그리고 배움의 즐거움을 존중하고 학급 모든 구성원들의 집단으로서의, 개별로서의 기여를 인정한다. 이 접근법은 평가와 교수를 주와 프로그램 기준에 연결하기 때문에 아주 중요한데, 이 과정이 『프로그램의 질(Hallam, Grisham-Brown, Gao & Brookshire, 출판 예정)』과 유아의 성과(Meisels et al., 2003)를 개선할 거라는 새로운 증거가 있다. 책무성이 강조되는 시대에, 모든 영유아를 위한 교수를 고안하고 실시함에 있어서 이러한 연결은 중요한 고려사항이 된다.

주

You may reach Katherine McCornlick by e-mail at kmcco2@uky.edu.

참고문헌

Bagnato, S. J., Neisworth. J. T., & Munson, S, M, (1997), *LINKing assessment and early intervention: An authentic curriculum-based approach.* Baltimore: Brookes.

Bodrova, E., Leong, D., & Shore. R. (2004). Child outcomes standards in pre-K programs: What are standards: what is needed to make them work? New Brunswick. New Jersey: National Institute for Early Education Research.

Bredekamp, S., & Copple, C. (1997). *Developmentally appropriate practice in early childhood programs* (Rev. ed.), Washington, DC: National Association for the Education of Young Children.

Bricker, D. (Series Ed.). (2002).. Assessment, evaluation, and programming system for infants and children (2nd ed., Vols. 1-4). Baltimore: Paul H. Brookes.

Early Childhood Outcomes Center. (2005). *Family and child outcomes for early intervention and early childhood special education.* Retrieved May 28, 2007, from http://www.fpg.unc.edu-eco/pdfs/eco_outcolnes_4-13-05.pdf

Forman, G., & Fyfe, B. (1998). Wegotiated learned through design, documentation, and discourse. In C. Edwards, L. Gandini, & G. Forman (Eds.), *The hundred languages of children: The Reggio Emilia approach-Advanced reflections* (2nd ed.. pp. 239-260). Greenwich, CT: Ablex.

Grisham-Brown. J. L., Hallam, R., & Brookshire, R. (2006). Using authentic assessment to evidence children's progress towards early learning standards. *Early Childhood Education Journal, 34* (1), 47-53.

Grisham Brown, J. L., Hemmeter. M. L., & Pretti-Frontczak, K. L. (2005). *Blended practices for teaching young children in inclusive settings.* Baltimore: Brookes.

Gronlund, G. (2006). *Make early learning standards come alive: Connecting your practice and curriculum to state guidelines.* St.

Paul. MN: Red leaf Press.

Hallam, R., Grisham-Brown, J. L., Gao, X., & Brookshire, R. (in press). The effects of outcomes-driven authentic assessment on classroom quality. *Early Childhood Research and Practice.*

Helm, J. H., & Katz, L. (2001). *Young investigators: The project approach in the early years.* New York: Teachers College Press.

Kentucky Department of Education. (2006). *Kentucey early learning standards.* Retrieved June 20, 2007, from http://education.ky.gov/ KDE or http://www.kidsnow.ky.gov

McCormick, K., Jolivette, K., & Ridgley, R. (2003). Choice making as an intervention strategy for young children. *Young Exceptional Children, 6*, 3-10.

McLean, M., Wolery, M., & Bailey. D. B. (200-4). *Assessing infants and preschoolers with special needs.* Upper Saddle River, NJ: Pearson.

Meisels, S. J., Atkins-Burnett, S., Zue, Y., Bickel. D. D., Son, S., & Nicholson, J. (2003). Creating a system of accountability: The impact of instructional assessment on elementary children's achievement test scores. *Education Policy Analysis Archives, 11*(9), 1-18.

National Association for the Education of Young Children & the National Association of Early Childhood Specialists in State Departments of Education. (2003). *Early childhood curriculum. assessment, and program evaluation: Building an effective, accountable system in programs for children birth through age 8.* Retrieved June 20,2007, from http://www.naeyc.org/resources/ position_statenlents/CAPEexpand.pdf

Neuman, S., Copple, C., & Bredekamp, S. (2000). *Learning to read and write. Developmentally appropriate practices for young children.* Washington, DC: National Association for the Education of Young Children.

Neuman, S. B., & Roskos, K. (2005). The state of state pre-kindergarten standards. *Early Childhood Research Quarterty,* *2*(20), 125-145. Pretti-Frontczak,K., & Bricker, D.(2004). *An activity-based approach to early intervention* (3rd ed.). Baltimore: Brookes.

Rous, B., McCormick, K., Gooden. C., & Townley, K. (2007). Kentucky's early childhood continuous assessment system: Local decisions and state supports. *Topics in Early Childhood Special Education, 27*(1), 19-33.

Sandall, S., Hemmeter, M. L., Smith, B.J., & McLean, M. (2005). *DEC recommended practices: A comprehensive guide.* Longmont, CO: Sopris West.

Tnster-Dodge, D., Colker, L., & Heroman, C. (2003). *The Creative Curriculum for preschool,* (4th ed.). Washington, DC: Teaching Strategies Inc.

Vukelich, C., Chrtstie. J, & Enz, B. (2002). *Helping young children learn language and literacy.* Boston: Allyn & Bacon.

교육과정을 유아의
사회적 성과와 연결하기

유아들의 또래 관계를 가족이 지원하도록 돕기

Michaelene M. Ostrosky, ph. D.,

Jeanette A. McCollum, Ph. D.,

SeonYeong Yu, M.S.,

University of Illinois, Urbana-Champaign

태평스러운 성격의 초등학교 1학년 빨간 머리 켄델은 마이크와 잭키의 하나뿐인 자녀. 켄델은 의사소통과 사회적 기술에 현저하게 영향을 미치는 복합적인 장애를 가지고 있다. 그녀는 또래와 함께 놀수 있는 기회인, 공휴일, 생일 파티, 또는 다른 놀이 활동이 있을 때 학급친구들에게 거의 초대를 받지 못한다. 비록 마이크과 잭키는 자주 켄델을 그들 집 근처의 공원에 데리고 갔지만, 그녀는 공원에서 시간을 보내는 동안에도 다른 아이들과 거의 교류를 하지 못했다. 가끔씩은 다른 아이들의 모래 놀이 장난감을 빼앗아 도망가 버리기도 하면서, 켄델은 멀리서 다른 아이들을 지켜볼 뿐이다. 마이크과 잭키는 어린 딸의 우정관계의 형성과 발달을 도와주기 위해 그들이 무엇을 할 수 있을지에 대해서 지속적으로 생각한다.

영유아의 사회-정서적인 능력에 다양한 기술이 영향을 미친다(Halberstadt, Denhan, & Dunsmore, 2001; Hubbard & Coie, 1994). 예를 들어, 과제를 지속하고 지시를 따르는 능력은 사회 정서적인 능력의 중요한 구성요소로 밝혀져 왔다. 이에 덧붙여, 감정을 식별하고, 이해하고, 소통하는 능력과 감정을 건설적으로 처리하고 감정이입(empathetic)을 할 수 있는 능력은 중요한 기술이다. 마지막으로, 또래들과 성인들과도 긍정적인 관계를 발전시킬 수 있는 능력은 중요한 사회·정서적인 기술로 설명된다.

유아기에 우정을 쌓아가는 것은 주요한 발달상의 과업이고 이후의 적응을 예측하게 한다(Danko & Buysee, 2002). 유아기 담당 교사들은 우정이 발달되어나가는 것을 도우는 환경을 제공해야 할 책임이 있다. 예를 들어, 특수아동협회 유아교육 분과(The Division for Early Childhood, DEC)가 규정한, 아동에 초점을 맞춘 추천실제 가운데 하나는(Sandall, Hemeter, Smith, & McLean, 2005), "환경은 또래와 또래사이, 부모나 양육자와 아동들 사이, 그리고 부모와 양육자의 관계를 포함해서 긍정적인 관계를 촉진시키는 것을 제공하게 된다(p. 83)." 이와 마찬가지로, 미국유아교육협회(National Association for the Education of Young Children, NAEYC)의 지침서는 "발달적으로 적합한 실제는 성인과 유아 사이에, 유아들 사이에서, 교사들 사이에서 그리고 가족과 교사 사이에서 관계의 발전을 돕는다."(Bredekamp & Copple, 1997)고 언급한다. 명확하게, 이 분야에서 선도적인 역할을 하는 특수아동협회 유아교육 분과(DEC)와 영유아기 국제조직(즉, 미국유아교육협회)은 또래 관계를 유아 발달의 특질(hallmarks)이라고 본다.

인생의 초기 동안, 유아들의 우정은 자아에 대한 인식이 생겨나는 것에 대해서 뿐만 아니라, 인지적인 면에서, 의사소통 면에서, 그리고 사회발달 면에서 중요한 영향을 준다(Guralnick, Connor, & Hammond, 1995). 우정은 학습을 촉진시키고, 소속감을 강화시키고, 스트레스를 줄임으로써 아동들에게 도움이 된다(Overton & Rausch, 2002). 이에 덧붙여, 유아기에 성공적으로 우정을 형성하는 것과 또래들과의 관계는 유아들의 삶의 질에 영향을 준다(Meyer, Park, Grenot-Scheyer, Schwartz, & Harry, 1998).

특수한 요구를 가진 유아들은 사회적 상호작용에 참여하고, 그들의 또래와의 관계를 발전시켜 나가는 데 어려움을 겪는다. 특수한 요구를 가진 유아의 관계에 대한 관심은 통합교육운동과 더불어 증가세다(Taylor, Peterson, McMurray-Schwarz, & Guillou, 2002). 이에 덧붙여, 연구자들은 사회적 상호작용을 향상시키고 장애 유아와 비장애 유아 간의 관계를 촉진시키는 방법을 제안해왔다(예를 들어, Kohler, Anthony, Steighner, & Hoyson, 2001).

비록 특수한 요구를 가진 유아의 우정에 대한 연구의 다수가 학교 상황에 관심을 기울여왔지만(Geisthardt, Brotherson, & Cook, 2002), 특수교육에서의 연구와 실제는 일반적인 통합환경에서 일어나는 기본적, 사회적 상호작용을 넘어 확장되는 우정의 발달에 대해서 초점을 포함하는 것을 진전시키고 있다(Richardson & Schwart, 1998). 특수한 요구를 가진 유아는 또래들과 교류할 기회를 가지고, 그들의 집이나 지역사회 근처에서 친구들을 사귄다. 장애를 가진 유아의 부모들은 자녀가 또래들과 사회적으로 교류하고, 우정을 만들어가도록 하는 것이 중요한 우선순위라고 말해 왔다(Guralnick et al., 1995). 하지만, 특수한 요구를 가진 유아를 위해 부모가 우정을 촉진하는 데 관심을 둔 연구는 거의 없다. Turnbull, Pereira, 그리고 Blue-Banning(1999)은 비록 장애를 가진 유아들이 우정의 발달에 대해서 엄청난 필요성을 가진다고 해도, 그러한 우정에 대한 부모님들의 지원에 대한 연구는 그동안 사실상 없었다는 점에 주목했다.

특수한 요구를 가진 유아의 우정에 관한 부모들의 관점에 대한 연구는 주로, 부모들이 이러한 우정이 얼마나 중요한지 지각하는 정도(Overton & Rausch, 2002)와, 부모가 생각하는 우정 형성의 요소들(Guralnick et al., 1995), 그리고 부모들이 설명하는 우정의 특징(Staub, Schwartz, Gallucci, & Peck, 1994)을 다루었다. Strully and Strully(1996)는 부모들이 생각하기에, 우정이란 유아들의 삶의 질에 있어 가능한 것이자 중요한 것이라고 언급했다. 하지만 많은 부모들은 제한된 사회적 기술이 우정의 형성을 저해할 수 있다고 믿는다(Strully & Strully, 1996; Turnbull et al., 1999).

여러 연구의 결과에 따르면, 비장애 유아의 부모들은 특히 유아들이 어릴 때, 장애가 있는 유아와 장애가 없는 유아 사이의 우정에 영향을 미칠 수 있다.(Geisthardt et al., 2002; Staub et al., 1994), Geisthardt와 동료들(2002)은 우정을 촉진시키는 데 있어 부모들의 태도가 비장애 유아들의 우정 발달에 매우 중요하다는 사실을 알아냈다. 이에 덧붙여, Staub와 동료들(1994)은 비장애 유아들의 부모가 장애 유아와 비장애 유아 사이의 우정 발달에 있어 지원적인 역할을 한다고 종종 생각하고 있음에 주목했다.

이 장의 목적은 가족들이 특수한 요구를 가진 유아를 위하여 또래관계의 발달을 어떻게 지원할 수 있는가에 대한 아이디어를 공유하

94

려는 것이다. 사회적 기술 발달은 유아기 특수교육 교육과정의 중요한 구성요소이지만 가족들이 이러한 기술의 발달을 지원할 수 있는 방법은 거의 강조되지 않는다.

유아와 가족들의 중요한 성과는 유아들이 또래와의 상호작용에 참여하기 위해 필요한 기술과, 지속가능한 우정을 발전시킬 때 실현될 수 있다. 연구들을 살펴보면, 가족 구성원들이 직·간접적으로 유아들의 또래 관계에 세 가지 다른 방식으로 영향을 미친다는 것은 명백하다. ① 부모와 유아 상호작용을 통해서, ② 감독자, 코치, 조언자로서의 역할을 통해서, ③ 사회적 기회의 제공자로서의 역할을 통해서(MaCollum & Ostrosky, 출판 예정). 〈표 1〉은 이러한 영향의

〈표 1〉 영향을 미치는 세 가지 경로들: 또래 관계를 돕는 부모들

경로	예시
부모와 유아 상호작용을 통해서	• 감정적인 조정을 촉진하는 전략을 사용하는 것(예를 들어, "만약 ······이면 너는 어떤 기분이 들겠니?" "무엇이 너를 자랑스럽게/화나게/좌절하게/신나게, 만드는가."를 토의하는 것 그리고 그러한 감정을 다루는 책을 읽는 것) • 부모와 유아 간의 주고받기(turn-taking) 상호작용과 공동관심(joint attention) 수립과 같은 부모와 유아의 상호작용을 지원하는 활동에 참여하는 것
감독자, 코치, 조언자로서의 부모 역할을 통해서	• 상호작용의 흐름에 도움이 되는 것, 놀이에서 유아의 관심을 유지하는 것, 특정한 사회적 행위를 증진하는 것, 갈등을 예방하는 것 • 놀이 활동을 조직하는 것 • 형제자매, 형제자매의 친구들, 그리고 사촌들을 상호작용에 포함시키는 것

사회적 기회의 제공자로서의 부모 역할을 통해서	• 부모들이 자녀들과 함께 놀 수 있도록 날짜를 정하는 것(play date), 생일파티, 지역사회 기반의 활동(예를 들어, 도서관 활동, 수영 수업, 인근의 운동장, 과학 클럽, 걸스카우트, 스포츠 활동, 체스 클럽, 근교 활동들, 포틀럭(모두가 조금씩 음식을 가져와서 하는 파티)과 같은, 사회적 기회를 준비하거나 참여하는 것

세 가지 경로에 걸쳐서 몇 가지 더 자세한 세부 항목을 설명해준다. 다음 부분에서는, 이러한 세 가지 영향력의 경로에 걸쳐서 부모들이 유아들의 또래 관계를 어떻게 지원할 수 있는지에 대한 아이디어들이 제시된다. 유아 교육자들은 자녀들이 또래와 긍정적인 관계를 발전시키는 것에 관심 있는 가족들과 이러한 생각들을 공유하는 것을 고려할 수도 있다. 학교와 가정의 상황에 걸쳐있는 교육과정을 포함해서, 교육과정을 고안할 때 사회적인 성과를 지원하기 위해서는 개별 유아와 가족의 특징은 항상 고려되어야 한다.

부모와 유아의 상호작용을 통해 또래 관계를 지원하기

아동 발달에 대한 논문과 문헌은 부모와 유아, 유아와 또래 간의 관계를 이해하기 위한 중요한 상황을 제공해 준다. 부모들은 여러 가지 방식에서 유아의 우정 발달에 영향을 미친다(Geisthardt et al., 2002). 예를 들어, 긍정적인 부모-아동 간 관계는 또래로부터 수용되고 인기가 있을 것이라고 예측되지만, 반면에 지원이 없는 부모와 유아 간의 관계는 또래들의 거부와 공격적인 행동과 연관된다(Clark & Ladd, 2000; Youngblade & Belsky, 1992). 비장애 유아들과 그들의 부모들에 대한 연구는 육아 방식(매일의 유아와 부모의 상호작용을 통해서)이 정서적인 신호(affective cue)를 이해하고 해석하는, 그들 자신의 감정을 규제하는 그리고 적절한 상호작용 기술을 배우게 하는 유아들의 능력에 영향을 미친다는 것을 보여 준다(Parke, Burks, Carson, Neville, & Boyum, 1994).

이러한 기술의 일부 또는 모든 것은 또래들과의 관계에 관한 능력에 공헌할지도 모른다. 비록 특수한 요구를 가진 아동의 부모들에 관한 연구가 제한적이라 하더라도, 이러한 중요한 부모와 유아 간의 관계가 또래에 의해 잘 수용되는 것과 사회적 관계에 영향을 미치는 데 잠재성이 있다는 것은 믿을만하다. 따라서 유아교육전문가들은 가족들에게 유아와의 상호작용을 통해, 어떻게 그들이 중요한 기술에 대해서 유아의 발달을 지원해 줄 수 있는지에 대한 정보와 조언을 제공할 수가 있다. 이러한 정보와 조언은 유아가 또래들과 상호작용하는 능력에 기여하게 될 것이다.

앞에서의 이야기로 돌아가 보면, 우리는 켄델의 가족이 유아교육 팀의 지원을 받으며 켄델과의 상호작용을 통해서, 어떻게 사회적인 능력을 지도하는지를 볼 수 있다(예를 들어, 주고받기, 장난감에 대한 공동관심 확립하기). 잭키와 마이크는 감정을 통제하고 다른 사람의 감정을 해석하는 법에 대해 지속적으로 켄델을 지도한다. 예를 들어, 마이크와 잭키는 켄델과 함께 행복함, 화남, 슬픔 너머에까지 확장되는 감정의 범위에 대해서 이야기하고, 그들은 유아교육자들이 추천했던, 감정을 다루는 아동문학 책을 읽는다. 예를 들어, 『기분 좋은 괴물 슬픈 괴물(Glad monster Sad monster)』, 『비 오는 월요일(On Monday When it Rains)』 이에 덧붙여, 그들은 켄델에게 스트레스로 작용할지도 모르는 상황에서 문제를 해결하고 말을 하는 것을 도울 수 있다. 마이크와 잭키는 비구어적 신호(nonverbal cues)가 사람들의 감정이 어떠한지를 통찰할 수 있는 중요한 것이라는 것을 자신의 딸 켄델이 이해할 수 있게 하려고, 그들의 표정 신호(facial cue)를 파악할 수 있도록 한다.

감독자, 코치, 조언자로서 또래 관계 지원하기

부모들은 자녀의 또래 상호작용을 감독하고 조언하면서, 의도적으로, 직접적으로, 분명하게 유아의 또래 관계에 영향을 미친다. 예를 들어, 부모는 놀이의 짝으로서 또래 놀이에 참가할지도 모른다. 주고받기를 하고, 한 명의 또래나 놀이에 유아의 관심을 유지시키고 특정 행동을 장려하거나 또는 분쟁이나 (놀이의) 중단을 막으면서, 유아의 상호작용의 흐름을 돕게 된다(Lollis, Ross, & Tate, 1992). Bhavnagri와 Parke(1985, 1991)은 어린 유아는 시도하기 및 주고받기에 관한 전략을, 큰 유아는 놀이 유지를 돕는 전략을 부모가 사용하는 것이 효과적이라는 사실을 밝혔다.

또한 부모들은 모니터링을 하는 간접적인 전략을 사용해서 유아의 또래 간의 상호작용에 영향을 미친다(Lawhon & Lawhon, 2000). 또래 놀이를 하면서 유아가 상호작용하는 동안에 부모들은 활동적인 참여자가 되기보다는 관찰자로서 행동할 수 있다. 예를 들어, 부모들이 유아들의 놀이를 지도할 때, 부모들은 놀이 활동을 구성하는 데 조그마한 아이디어를 제공할 수 있다(예를 들어, "켄델과 매기야, 너희 둘은 플라스틱 동물들을 위해 블럭으로 동물원을 만들지 않겠니? 매기야, 너는 원숭이를 위해서 우리를 좀 만들고, 그리고 켄델은 곰을 위해서 공간을 만들어 주고."). 유아의 사회적인 능력과 놀이 상호작용은 부모들의 상호적이고 직접적인 모니터링을 통해 강화될 수 있다.

또래 놀이를 지도하거나 감독하는 데 덧붙여, 부모들은 외부에서 발생하는 또래의 상호작용에 대한 대화를 통해, 조언자나 상담자로 역할을 할 수도 있다(Lollis 외, 1992). 예를 들어, 부모들은 유아들이 어떻게 갈등을 처리할지에 대한 대화에 참여하거나 유아들이 어떻게 이전의 갈등문제를 해결할 수 있을지에 대해 생각하게 도울 수 있다(예를 들어, "켄델, 네가 지금 가지고 놀고 싶은 것을 다음번에 오브리에게 자신의 차례 때 가지고 놀라고 말할 방법을 한번 생각해 보자꾸나.").

Geisthardt 등(2002)은 어머니들의 또래 간 상호작용에서 의견의 불일치가 있었을 때 개입하는 지도 자체는 주로 간접적이었다는 것을 보여 주었다. 하지만, 장애가 있는 유아가 가지는 사회적 기술의 어려움을 생각하면, 간접적인 지도는 부모들이 유아들의 또래 간 상호작용을 돕기에 가장 효율적인 방식은 아닐 수 있다. 부모들이 그들의 자녀들이 상호작용을 더 잘할 수 있다고 가정할 때 유아들이 더 높은 수준의 놀이 기술과 사회적 기술을 인식하게 하고 배우도록 할 수 있을지도 모른다.

다시 앞에서 언급한 이야기를 살펴보면, 부모가 켄델이 또래들과 어떻게 노는지, 켄델이 유치원 상황에서 배우게 될 기술과 실행을 확장하기 위한 기회를 어떻게 만들어왔는지를 알 수가 있다.

마이크와 잭키가 이웃의 유아를 놀이에 초대했을 때, 그들은 유아들과 켄델의 사회적 상호작용을 촉진하고 지도한다. 유아교육자들과 함께, 켄델의 부모는 문제가 생기는 것을 막기 위해 지속적인 모니터링을 통해 전략을 찾아내 왔다. 만약에 문제가 생긴다면, 그들은 갈등을 설명할 수 있고, 긍정적인 성과를 이끌어 낼 해결방법을 만들어 내도록 도울 수 있다.

사회적 기회의 제공자로서 또래 관계를 지원하기

비록 형제자매들과 친척들이(예를 들면, 사촌들) 또래와의 상호작용 기술의 발달을 위하여 자연스러운 상황을 제공할 수 있다고 해도, 유아들은 또한 가족 외의 다른 사람들과의 상호작용을 통해 중요한 혜택을 얻는다(Ladd & Pettit, 2002). 부모들은 직·간접적으로 유아들에게 또래 간의 상호작용을 위한 기초적, 사회적 기회를 제공할 수 있다. 예를 들어, 부모가 자녀와 함께 놀 수 있도록 날짜를 정하는 것(play date)과 놀이집단을 만들어, 비장애 또래들과 유아가 함께 놀 수 있도록 할 수 있다. 다음의 예시처럼 유아들을 끌어들일 수 있고 재미있는 활동을 준비해서, 부모는 또래들이 관심을 가질 수 있는 환경을 만들 수 있다.

재능 있는 예술가인 마이크는, 켄델이 점토를 가지고 작업을 하고 그림을 그리도록 가르쳐 왔다. 그와 잭키는 이웃 유아들이 켄델과 함께 예술 활동을 하도록 자주 초대한다. 예술 프로젝트를 구성하고, 재료를 제한함으로써(예를 들어, 그림붓의 수를 제한해서 유아들이 함께 쓰도록 하거나, 이젤을 하나만 두어 여러 유아가 함께 그림을 그리게 한다거나), 마이크와 잭키는 켄델이 또래의 유아들과 교류하게 하고, 또래들은 수많은 사회적 기술들의 발전을 촉진시킨다(예를 들어, 주고받기, 공유하기, 도움 요청하기, 상호작용 유지하기, 상호작용 시작하기).

또한 조기교육팀은 가족이 지역사회 활동을 이용하도록 할 수도 있다. 예를 들어, 특수 영유아의 가족들은 그들의 유아들을 도서관 활동이나, 무료 콘서트, 그리고 인근의 운동장으로 데리고 갈지도 모른다. 종종 나이나 기술수준에 따라 조직되는 과외활동과 지역사회에 기반을 둔 활동에 대한 정보를 제공함으로써(예를 들어, 과학 클럽, 걸스카우트, 스포츠 활동, 체스 클럽, 종교 활동들, 캠프), 유아교육자들은 가족들이 유아들에게 잠정적인 친구들을 다양하게 노출시킬 수 있는 부가적인 기회를 찾도록 도울 수도 있다. 유아 자녀가 있는 친구들과의 포틀럭 파티는 잠정적인 친구들을 위한 또 다른 기회가 된다. 유아들은 어른들이 서로 상호작용을 하는 것을 보게 되고, 유아들은 모델이 될 수 있는 사회적 기술들을 자연스럽게 볼 수 있다. 유아들은 또래 간에 자연스럽게 형성되는 사회적 기술을 볼 수도 있다. 덧붙여, 형제자매들의 친구는 사회적 능력의 발달을 돕는 기회를 제공할 수 있다.

장애를 가진 유아가 주변의 또래들과 함께 이웃의 프로그램과 학교들에 속하고 참여하는 것은 우정이 발달하도록 지원하는 데 있어 중요한 요소다. 인근의 학교들은 유아들이 아주 근접한 곳에 사는 또래 친구들과의 우정을 형성시키도록 기회를 주고, 따라서 또래와의 상호작용의 가능성을 증대시키게 한다.

결 론

교육과정은 전형적으로 유아들을 위한 교수의 내용에 해당하는 영역으로(예를 들어, 사회적 기술, 운동 기술), 그리고 학교 상황 내에서 성인들에 의해서 사용되는 교수실제나 방식(모델링, 비구어적인 촉구)으로 정의되지만, 교수적인 상황을 교육적인 환경에 제한시킬 이유는 없다. 부모들과 양육자들은 또래 관계의 발달과, 적절한 사회적 기술에서 중요한 성과를 위에서 설명했던 다양한 방식으로 지원해 줄 수 있다. 교사들은 관심 있는 가족 구성원들과 함께 아이디어를 공유함으로써, 또래와 관련된 친사회적 기술의 발달에 영향을 줄 수 있다.

이 장에서 제시된 부모가 미치는 영향의 세 가지 경로는 가족 관계 내에서 사회적 능력의 발달의 근원을 강조함으로써, 유아와 또래 간의 상호작용을 돕는 데 새로운 시각을 제공해 준다(McCollum & Ostrosky, 출판 예정). 이러한 경로들은 가족의 특징(예를 들어, 부모의 교육수준, 재정적 상황, 사회적 지원, 문화)과 같은 상황적 변수들과, 상호작용에 있어 가족의 패턴을 고려함으로써, 중재, 촉진, 그리고 예방을 위한 지침을 제공한다(Guralnick, 2005). 부모들은 유아들이 어릴 때부터 자신의 가족, 우정 집단, 이웃과의 연결망, 그리고 지역사회 내에서 또래의 상호작용을 위한 잠재된 기회를 이용하도록 도움을 받을 수 있다. 추가적인 사회적 기회는 놀이집단과 유아들이 함께 놀 수 있도록 부모끼리 정한 놀이하는 날(play date)과 같은 형태를 통해 만들어질 필요가 있을지도 모른다. 또래들의 관계를 소중히 여기는 가족들을 돕는 것은 유아들이 또래와 관련된 사회적 능력에 영향을 끼칠 수도 있다.

주

The preparation of this article was supported by the Center on the Social and Emotional Foundations for Early Learning, U.S. Department of Health and Human Services (PHS SubVU19247). You can reach Michaelene M. Ostrosky by e-mail at ostrosky@uiuc.edu.

참고문헌

Bhavnagri, N., & Parke, R. D. (1985). Parents as facilitators of preschool peer interaction. Paper presented at the Biennial Meeting of the Society for Research in Child Development, Toronto, Canada.

Bhavnagri, N., & Parke, R. D. (1991). Parents as direct facilitators of children's peer relationships: Effects of age of child and sex of parent. Journal of Social and Personal Relationships, 8, 423-440.

Bredekamp, S., & Copple. C. (Eds.). (1997). Developmentally

appropriate practices in early childhood programs (Rev. ed.). Washington, DC: National Association for the Education of Young Children.

Clark, K. E., & Ladd, G. W. (2000). Connectedness and autonomy support in parent-child relationships: Links to children's socioemotional orientation and peer relationships. Developmental Psychology, 36, 485-498.

Danko, C. D., & Buysse, V. (2002). Thank you for being a friend. Young Exceptional Children, 6, 2-9.

Geisthardt, C. L., Brotherson. M. J., & Cook, C. C. (2002). Friendships of children with disabilities in the home environment. Educationand Training in Mental Retardation and Developmental Disabilities, 37, 235-252.

Guralnick, M. J. (2005). Early intervention for children with intellectual disabilities: Current knowledge and future prospects. Journal of Applied Research in Intellectual Disabilities, 18, 313-324.

Guralnick, M. J., Connor, R. T., & Hammond, M. (1995). Parent perspectives of peer relationships and friendships in integrated and specialized programs. American Journal on Mental Retardation, 99, 457-476.

Halberstadt, A. G., Denham, S. A., & Dunsmore, J. C. (2001). Affective social competence. Social Development, 10, 79-119.

Hubbard, J. A., & Coie, J. D. (1994). Emotional correlates of social competence in children's peer relationships. Merrill-Palmer Quarterly, 50, 1-20.

Kohler, F. W., Anthony, L. J., Steighner, S. A., & Hoyson, M. (2001). Teaching social interaction skills in the integrated preschool: An examination of naturalistic tactics. Topics in Early Childhood Special Education, 21, 93-103.

Ladd, G. W., & Pettit, G. S. (2002). Parenting and the development of children's peer relationships. In M. Bornstein (Ed.), Handbook of parenting, volume 5: Practical issues in parenting (pp. 269-309). Mahway, NJ: Lawrence Erlbaum Associates.

Lawhon, T., & Lawhon, D. C. (2000). Promoting social skills in young children. Early Childhood Education Journal, 28, 105-117.

Lollis. S. P., Ross, H. 5., & Tate, E. (1992). Parents' regulation of children's peer interactions: Direct influences. In R. D. Parke & G. W. Ladd (Eds.), Family-peer relationships: Models of linkage(pp. 255-281). Mahway, NJ: Lawrence Erlbaum Associates.

McCollum, J. A., & Ostrosky, M. M. (in press). Family roles in young children's emerging peer-related social competence. In W. Brown, S. R. McConnell, & S. L. Odom (Eds.), Peer-related social competence. Baltimore: Brookes.

Meyer, L. H., Park, H., Grenot-Scheyer, M., Schwartz, I. S., & Harry, H. (1998). Making friends: The influences of culture and development. Baltimore: Brookes.

Overton, S., & Rausch, J. L. (2002). Peer relationships as support for children with disabilities: An analysis of mothers' goals and indicators for friendship. Focus on Autism and Other Developmental Disabilities, 17, 11-29.

Parke, R. D., Burks, V. M., Carson, J. L., Neville, B., & Boyum, L. A. (1994). Family-peer relationships: A tripartite model. In R. D. Parke & S. G. Kellam (Eds.), Exploring family relationships with other social contexts(pp. 115-145). Hillsdale, NJ: Lawrence Erlbaum Associates.

Richardson, P., & Schwartz, I. (1998). Making friends in preschool: Friendship patterns of young children with disabilities. In L. II. Meyer, H. Park, M. Grenot-Scheyer, I. S. Schwartz, & B. Harry

(Eds.), Making friends. The influences of culture and development(pp. 65-80). Baltimore: Brookes.

Sandall, S., Hemmeter, M. L., Smith, B. J., & McLean, M. E. (2005). DEC recommended practices: A comprehensive guide for practical application. Longmont, CO: Sopris West.

Staub, D., Schwartz, I.S., Gallucci, C., & Peck, C.A. (1994). Four portraits of friendships at an inclusive school. *Journal of the Association for Persons With Severe Handicaps, 19*, 314-325.

Strully, J., & Strully, C. (1996). Friendships as an educational goal: What we have learned and where we are headed. In S. Stainback & W. Stainback (Eds.), Inclusion: A guide for educators(pp. 141-169). Baltimore: Brookes.

Taylor, A. S., Peterson, C. A., McMurray-Schwarz, P., & Guillou, T. S. (2002). Social skills interventions: Not just for children with special needs. *Young Exceptional Children, 5*, 19-26.

Turnbull, A. P., Pereira, L., & Blue-Banning, M. J. (1999). Parents' facilitation of friendships between their children with a disability and friends without a disability. *Journal of the Association for Persons with Severe Handicaps, 24*, 85-99.

Youngblade, L. M., & Belsky, J. (1992). Parent-child antecedents of 5-year-olds' close friendships: A longitudinal analysis. *Developmental Psychology, 28*, 700-713.

통합학급에서의 실제적 평가

변화를 기록하고 교육과정을 수정하기 위하여 포트폴리오 사용하기

Ellen M. Lynch, Ed.D.,

The University of Cincinnati, OH

오늘날 증거기반실제의 교육적 분위기, 즉 학문적 내용의 기준, 연방정부의 책무성 법제화 속에서, 영유아를 가르치는 교사들은 계획과 교육과정의 수행뿐만 아니라 평가를 수행하고 해석하는 모든 부분에서 능숙할 것이라는 기대를 떠안게 된다[미국유아교육협회(National Association for the Education of Young Children, NAEYC) 2002]. 게다가, 교육자들은 평가 과정에서 받게 되는 자료를 기반으로 해서 교육과정을 수정해 나가는 능력을 가지고 있어야 한다.

몇몇 교사에게 있어 평가라는 용어는, 관습적이고, 상황을 고려하지 않고 이루어지는 검사 실시와 연계되는 부정적인 반응을 불러일으킬 수도 있다. 사실상, 평가는 환경 전반에 걸쳐서, 그리고 오랜 시간에 걸쳐서 한 아동에 대한 체계적인 정보의 집합체로 간주되어야 한다(Greespan & Meisels, 1996; Neisworth & Bagnato, 2004) 이에 덧붙여, 평가의 과정은 유동적이어야 하고, 자연스러운 환경에서 수행되어야 하며, 관찰, 기록 그리고 가족으로부터의 조언 등을 제공하는 것을 포함해야만 한다[미국유아교육협회(National Association for the Education of Young Children, NAEYC), 교육부 유아 아동 전문가들의 전국연합(National Association of Early Childhood Specialists in State Departments of Education, NAECSSDE) 2003; Neisworth & Bagnato, 2005].

전통적인 평가 방식에 대하여 점차 늘어나는 불만족은 많은 교육자들이 유아의 성장과 발달을 고찰하는 데 있어서 상황적 맥락을 더 많이 고려하는 실제적 방식의 전략을 연구하도록 하였다. 포트폴리오 평가는 동시에 미국유아교육협회(National Association for the Education of Young Children, NAEYC)와 교육부 유아 아동 전문가들의 전국연합(NAECSSDE; NAEYC/NAESSDE, 2003), 그리고 미국의 특수교육협회(Council for Exceptional Children) 유아교육 분과(Division for Early Childhood, DEC. the Division for Early Childhood of the Council for Exceptional Children, Neisworth & Bagnato, 2005)가 입증한 것으로서 최상의 실제를 위한 표준적 지침을 따르는 동시에, 유아의 능력에 관한 포괄적인 관점을 제공해 주는 자료를 수집하는 데 관심을 가지는 교사들에게는 가치 있는 도구로 부상하게 되었다.

포트폴리오는 시간이 지남에 따라서 유아의 성장과 발달에 대해 문서화된 것을 수집하는 데 사용될 수 있는 도구다. 하지만, 포트폴리오 평가는 서로 관계가 없는 글쓰기 샘플, 사진 그리고 그림의 모음집 그 이상이다. 교사들이 평가를 위해 이러한 접근을 실행함으로써, 체계적으로 유아들의 행동과 활동사항을 관찰하고 기록하며, 작업의 샘플을 수집하고, 그동안 관찰해 온 것의 의의를 생각하고 교육과정의 수정을 위하여 자료를 사용하거나 구체적인 목표에 대한 성취를 나타냄으로써 평가의 사이클을 완성시킨다(McDonald, 1997; Nilsen, 2004).

이 장의 목적은 통합 학급에서 교육과정 계획과 변화를 위하여 자료를 사용하는 전략을 포함해서, 포트폴리오 평가를 준비하고 수행하는 데 지침을 제공하려는 것이다. 여기서 제시되는 정보는 포트폴리오 개발이 유아가 가장 잘 배울 수 있는 자연스러운 환경에서 그 유아의 진보를 문서화하는, 계속적으로 진행되는 개별화된 평가 과정이자, 유아와 가족의 관심 그리고 우선순위에 기반하고 있다고 믿는 신념에 기반을 둔다. 논의는 포트폴리오 평가의 장점에 대한 간략한 소개로 시작하고, 포트폴리오 평가를 발전시키고 시행하는 과정에 대한 자세한 설명이 이어진다. 분석, 계획, 수정을 통해 포트폴리오 평가 사이클을 완성하는 것으로 마무리 된다.

포트폴리오 평가의 장점들

포트폴리오 평가는 유아의 발달적 진보 과정에 대한 포괄적인 정보를 얻고 교수 계획 과정을 알려 주는 자료를 수집하고자 하는 교사들에게 특히 가치가 있다. 포트폴리오 평가 과정 사용 시의 장점들을 살펴보면 다음과 같다. 이는 ① 자연스러운 환경에서 수집된 자료들, ② 평가와 교육과정의 통합, ③ 다면적인 영역과 정보 제공, ④ 조직화된 정보, ⑤ 유아의 적극적인 참여, ⑥ 다양한 학습자들의 포함이다. 각각을 차례대로 간단하게 살펴보기로 하자.

자연스러운 환경에서 수집된 자료

유아들이 익숙한 교실 상황에서 전형적인 일상생활과 활동 속에 참여하는 동안 관찰이 수행되고 작업 샘플이 수집된다. 이것은 유아들이 자신의 진정한 능력을 보여 주기 쉬운 상황과 환경에서 이루어진다는 점에서 특별한 의미가 있다(Gronlund & Engle, 2001; Hills, 1993; Neisworth & Bagnato, 2004). 게다가, 자료들은 시간의 흐름에 따라 수집되기 때문에, 유아들의 능력과 기능적 행동에서 나오는 사소한 변화도 확인할 수 있다(Losardo & Notari-Syverson, 2001).

평가와 교육과정의 통합

포트폴리오 평가의 과정은 교실의 교육과정 내에서 완전히 포함된다. 교사들의 관찰, 작업 샘플, 그리고 기타 문서들이 포트폴리오에 추가됨에 따라, 개별 유아의 진보는 순조롭게 검토될 수 있고, 그리고 교육과정의 수정이 빠르게 이루어질 수 있다. 포트폴리오 평가 자료의 정확성과 풍부함은 교육과정, 교수실행, 그리고 개별화 교육 프로그램을 수정할 때 의미 있는 근거가 된다(Lynch & Struewing, 2002). 게다가, 포트폴리오의 과정은 주정부 차원의 교육과정 표준에 있어 유아들의 진보에 대한 증거를 제공할 수 있다(Helm & Gronlund, 2000).

다면적인 접근

효율적인 평가를 계획함에 있어 중요한 지표는 그것이 다양한 자료에서 나온 모든 영역에서 한 유아의 진보에 대하여 정보를 포함하는 것이다(미국유아교육협회, 그리고 주 교육부 내 전국영유아전문가협회. National Association for the Education of Young Children, NAEYC & National Association of Early Childhood Specialists in State Departments of Education, NAECSSDE, 2003). 이러한 접근은 부모들, 형제들, 그리고 유아와 함께 시간을 보내는 사람들이 유아의 몇 가지의 기술에 집중하기보다는 전반적인 정보를 얻게 한다. 가족들은 포트폴리오 평가 과정의 중요한 부분으로서 간주되어야 한다(Meisels & Atkins-Brunett, 2000; 교육부 내 전국영유아전문가협회 National Association for the Education of Young Children, NAEYC & National Association of Early Childhood Specialists in State Departments of Education, NAECSSDE, Neisworth & Bagnato, 2005). 부모, 형제자매 그리고 유아와 시간을 보내는 사람들은 교실에서는 다루어질 수 없는 행동, 관심, 어려움에 대해서 가치 있는 정보와 해석을 제공해 줄 수 있다. 교실의 선생님들 이외에도, 학교 환경에서 유아들과 상호작용을 하는 다른 성인들도 포트폴리오 평가 팀에 포함되어야 한다.

확실히, 이 다면적인 접근은 교실의 모든 유아에게 바람직하다. 장애를 가진 유아들의 부모들이나 교사들에게 있어서도, 덧붙여지는 장점이 있다. 포트폴리오 평가는 개별화 가족 서비스 계획이나 개별화 교육 프로그램에 포함되지 않은 활동이나 성취를 기록함으로써 폭넓은 유아의 능력, 흥미, 요구에 대해 더욱 폭넓게 이해할 수 있게 한다(Lynch & Struewing, 2002).

조직화된 정보

포트폴리오는 교사들이 정보를 체계적으로 조직화하는 데 도움이 된다. 아동들의 발달과 성취도를 평가하는 데 유용하도록 포트폴리오는 체계적으로 조직되어야 한다. 이러한 처리방식은 교사들이 추가적으로 문서화가 필요한 곳이 어딘지를 결정하게 한다. 부가적인 혜택으로서, 효과적으로 정렬된 포트폴리오는 이미 만들어진 자료들의 컬렉션을 제공하기 때문에, 이 자료들은 팀 회의뿐만 아니라 부모-교사들의 회의에도 사용될 수 있다는 점이다.

유아의 적극적인 참여

유아들도 포트폴리오 팀의 일원으로 간주되어야 하고, 따라서 포트폴리오에 무엇을 포함할지 결정할 수 있는 기회가 주어져야 한다. 게다가, 유아들은 계속해서 그들의 포트폴리오를 살펴보고 수정하기 때문에, 자신이 오랜 시간에 걸쳐 이루어 온 활동과 진전 상황을 살펴보도록 격려되어야 한다. 이러한 경험들은 자율성, 자신감, 그리고 긍정적인 자존감(self-esteem)을 증진시킨다(Losardo & Notari-Syverson, 2001; Shores & Grace, 1998; A. F. Smith, 2000).

다양한 학습자를 포함하기

표준화된 평가는 문화적, 언어적인 차이를 잘 반영하지 못한다는 것이 오랫동안 인식되어왔다(Neisworth & Bagnato, 2004). 하지만 포트폴리오 평가는 모든 유아를 대상으로 자료를 수집하는 데 사용될 수가 있다. 비록 포트폴리오 평가를 사용하는 주된 이유는 실제적 평가를 수행하는 것일 수도 있지만, 그 과정의 중요한 성과는 각 유아가 교실 공동체의 중요한 일원으로 간주되게 하는 것일 수도 있다. 각 유아의 포트폴리오가 독특하면서도 개인적인 흥미, 기술 그리고 능력을 반영한다는 점에서 포트폴리오는 다양한 능력, 요구조건, 그리고 배경을 지닌 유아들을 포함하도록 장려하는 도구로 사용될 수도 있다. 게다가, 언어적 차이나 어려움을 지닌 유아들은 사진과 작품견본을 통해 그들 스스로에 대한 정보를 공유할 수 있다

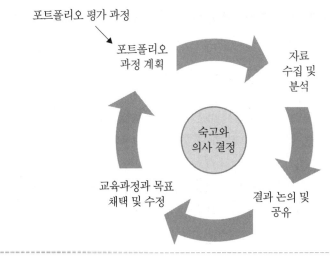

[그림 1] 포트폴리오 평가 과정

(Morrision, 1999; J. Smith, Brewer, & Heffner, 2003).

포트폴리오 시스템 개발하기

교육팀의 구성원이 포트폴리오 시스템으로 옮겨가기를 시작할 때, 평가, 교육과정, 그리고 진보 모니터링 과정에 대한 이해와 지원이 개발되어야 한다. [그림 1]은 네 가지 중요한 단계를 거치는 계속적인 평가 과정을 나타낸다. 네 가지 중요한 단계는 포트폴리오 과정을 계획하기, 자료를 수집하고 분석하기, 결과를 논의하고 공유하기, 교육과정과 목표를 조절하거나 수정하는 것이다. 물론, 그림의 중심부에는, 평가와 교육과정의 진행인데, 팀의 모든 구성원이 참가하는 숙고와 의사결정이다. 첫 번째 단계인 포트폴리오 과정을 계획하는 것을 달성하기 위해서는, 교육팀은 그러한 과정에서 약간의 초기 준비와 의사 결정에 참여해야 하고, 그리고 나서 시스템의 원리나, 이러한 역동적인 면을 마련하는 일을 다루어야 한다. 이제 이러한 활동들을 더 자세히 살펴보도록 하자.

포트폴리오 평가 준비하기

교실에서 포트폴리오 평가를 수행하기에 앞서, 교육팀은 심사숙고를 해야 한다. 평가 과정과 관련된 다음 질문에 대답할 시간을 내는 사람들은 자료 수집을 성공적으로 할 가능성이 있다고 하겠다.

내가 평가하고자 하는 것은 무엇이고 그 이유는 무엇인가   위에서도 지적한 바와 같이 다반사로 일어나는 일로, 평가는 과정의 실체와 이유에 관심을 기울이지 않은 채 이루어진다는 것이다. 당신이 실제로 평가하고자 하는 것은 무엇인지, 그렇게 하려는 이유를 먼저 결정해야 한다. 인지적인, 신체적인, 언어적인 혹은 사회정서적 발달 영역에서 진전을 살펴볼 것인가? 문장 이해 능력과 수학, 미술, 극적 표현성과 같은 특정한 내용 영역에 대한 평가 자료를 수집하려고 하는가? 당신은 개별화 교육 프로그램(IEP) 목표를 달성하기 위한 진보를 문서화하고 싶은가? 당신이 살펴보게 될 것과 그렇게 하려는 이유를 입증하지 않고서는, 당신은 해석하기 어렵고, 그 유아에 대해서는 거의 정보 제공이 안 될 수도 있는 인위적결과(artifacts)의 모음에 지나지 않는 것을 가질지도 모른다.

나는 어떤 종류의 포트폴리오를 사용할 것인가   당신이 평가하고 싶은 것이 무엇인지를 결정한 뒤에, 당신은 의도한 목표에 도달하는 데 도움이 되는 포트폴리오 시스템을 선택해야 한다. 수많은 종류의 포트폴리오는 전시, 공개행사, 작업 그리고 평가 포트폴리오를 포함하는 것으로 규정된다(Gronlund & Engel, 2001). 전시 포트폴리오는 스크랩북과 비슷한데, 이것은 다양한 활동에 참여하는 유아들의 사진들을 포함한다. 이 포트폴리오는 한 교실에서의 전형적인 경험의 종류를 보여 주고 부모, 행정 책임자, 그리고 교실의 방문자와 공유될 수는 있지만 유아들의 진보를 평가하는 데 사용되지는 않는다. 공개행사(showcase) 포트폴리오는 유아가 가장 잘하거나 또는 가장 좋아하는 작업을 교사와 유아에 의해 규정된 것을 포함하지만 교수 과정을 알리는 데 사용되지는 않는다. 하지만, 그것은 바로 형성평가와 총괄평가를 위한 작업과 평가가 가능한 포트폴리오다(Wortham, Barbour, & Desjean-Perrotta, 1998).

작업 포트폴리오(working portfolio)의 목적은 교사들이 한 유아의 성장과 발달을 날마다, 주 단위, 또는 월간 단위 기준으로 문서화할 수 있는 체계를 제공하는 것이다. 작업 포트폴리오의 내용은 전형적으로 유아들의 작업 견본을 포함한다. 하지만, 이러한 것들은 한 유아의 최고의 작업의 대표작으로 간주되지는 않지만, 전형적이고 날마다의 수행능력을 설명해 주는 것으로 보일 수는 있다(Meisels, Dichtelmiller, Jablon, Dorfman, & Marsden, 1997). 이에 덧붙여, 작업 포트폴리오는 교사의 관찰, 부모의 의견, 유아의 미래의 일에 대한 계획, 비디오테이프, 사진, 그리고 교사와 유아 모두에 의해 수집하기로 결정한 자료들을 포함할 수도 있다.

Black과 William(1998)에 따르면, 형성평가 과정은 "교사와 학생들이 참여한 학습 활동과 교수법을 수정하기 위한 피드백으로써 사용될 수 있는 정보를 제공하는 활동들(p. 7)."을 가리킨다. 작업 포트폴리오의 개발은 형성평가를 위한 근거를 제공해 줄 수 있는 일종의 활동이다. 하지만, 단순히 자료들을 포트폴리오에 배치하는 것이 형성평가나 총괄평가를 구성하지 않는다는 것을 인식하는 것이 중요하다. 그것은 오로지 평가팀이 포트폴리오의 내용물에 대해 반복적으로 검토하고 반영할 때만 이루어지며, 교수 전략 및 교육과정에 대한 수정이 이루어질 때 진정한 평가가 일어나게 된다(Atkin, Black & Coffey, 2001; Gronlund, 1998).

평가 포트폴리오는 교사들, 학교 행정전문가들, 그리고 부모들이 유아가 설정된 목표, 목적 그리고 교육과정의 기준에 어느 정도까지 도달하거나 달성했는지를 평가할 수 있게 한다. 이러한 종류의 포트폴리오의 내용은 유아의 작업 샘플을 포함할 수도 있고, 그러한 작업 샘플은 특정한 목표나 기준의 성취, 독서기록장(reading log), 표준화된 시험 결과와 교실에서의 시험 결과, 체크리스트, 평가척도 그리고 교사들과 부모의 의견을 나타낸다.

비록 형성평가의 목적이 교수법과 학습을 향상시키는 것이기는 하지만, 총괄평가의 초점은 한 유아가 성취한 것뿐만 아니라 일련의 활동이나 수업의 끝에서 이루어지는 학습의 질에 대한 것이다 (Bransford, Brown, & Cocking, 2000). 하지만 형성평가와 총괄평가 사이의 구분선이 항상 명확하지는 않다는 사실을 주목해야 한다. 형성평가 자료는 총괄평가 과정을 알려줄 수 있으며, 그 반대도 마찬가지다. 예를 들어, 유치원 교사는 유아의 철자 쓰기, 손으로 쓰기 (handwriting), 구두점 표시와 같은 글쓰기와 관련된 규칙의 발달을 문서로 기록하기 위해 그 해 동안 글쓰기 견본을 수집할 수도 있다. 이러한 자료는 유아의 요구조건(형성평가)에 더 잘 맞추어 주기 위해 교수 전략을 수정하는 방법에 대해 즉각적인 결정을 내리는 데 사용될 수도 있을 것이다. 하지만, 1년 동안 수집된 자료 중에서 선별된 작업 견본은 유아가 개별화 교육 프로그램(IEP) 목표나 교육과정 기준이나 기준점을 충족시켰는지를 문서로 기록하기 위해, 평가 포트폴리오에 놓일 수도 있다(총괄평가). 정반대로, 표준화된 성취도 검사의 분석에서 나온 정보는 교수적인 면이나 교육과정 면에서의 변화 과정을 알리기 위해 사용될 수도 있다.

내가 교실에서 다른 형태의 평가 양식과 포트폴리오를 함께 사용해도 될까　대부분의 교사는 교실에서 다양한 평가를 사용하는데, 그것은 교사들의 학교가 위치한 지역 그리고 또는 주정부 교육부서가 요구하는 평가의 일부이기도 하다. 평가가 유아 전체에 대한 전반적인 그림을 그릴 수 있도록 이끌어야 한다는 점을 다시 기억해야 한다. 그것은 장점, 어려움, 요구, 현재 발달 수준과 같은 것이다. 평가의 수단으로 포트폴리오를 채택하는 것을 고려할 때, 어떻게 포트폴리오의 과정이 당신이 가르치는 유아를 이해하는 데 기여하게 될지에 대해서 심사숙고해라.

내가 비밀을 어떻게 지킬 수 있을 것인가　당신이 사용할 포트폴리오의 종류가 무엇이든 간에, 유아들의 자료에 대한 비밀 유지가 고려되어야 한다. 포트폴리오 전부를 모든 사람이 볼 수 있게 할 것인가? 만약 그렇게 한다면, 포트폴리오에 무엇을 포함할지에 대해서 결정을 할 때, 당신은 검사 결과와 같은 민감한 자료들은 다른 장소에 정리할 필요가 있다. 당신은 또한 다른 사람들이 유아의 포트폴리오를 보기 전에 허락을 구해야 할지를 고려해야 할 것이다.

학년 말에는 무슨 일이 일어나는가　이것은 당신의 교실에서 사용 중인 포트폴리오의 종류에 따라 결정된다. 당신은 전체 포트폴리오나 포트폴리오의 일부를 당해 연도 마지막에 유아와 그 유아의 부모들에게 줄 수가 있다. 당신은 그 내용의 일부를 보관용으로 복사할 수도 있다. 만약 당신이 한 유아를 수년 동안 맡는다면, 당신은 의심의 여지없이 유아의 발달적 진전과 성취를 보여 주는 어느 정도의 문서기록을 보유하기를 원할 것이다.

포트폴리오 평가의 실무지식

심사숙고 이후에, 당신은 포트폴리오 평가를 수행하기로 결정하지만, 어디서부터 시작해야 될지에 대해서는 확신을 내릴 수 없을지 모른다. 당신은 다음의 질문들을 생각해 볼 수 있다. 그러한 질문은 이와 같다. 나는 무엇을 포함해야 하며, 왜 포함해야 하는가? 진보 모니터링과 효율적인 자료 수집을 촉진하기 위해 자료는 어떤 방식으로 조직되어야 할 것인가?

포트폴리오에 무엇을 포함할 것인가

포트폴리오의 내용은(인위적) 작품(artifact)을 포함해야 하는데, 이것은 유아의 발달 및 구체적 목표, 목적, 기준점(benchmark)을 향한 진보에 대한 증거를 제시해 준다. 다음의 항목들은 확정적인 목록이 아니라 제안사항으로 간주되어야 한다.

부모에게 보내는 편지　교실에서 수행하게 될 포트폴리오 과정을 가족들에게 설명하는 편지를 준비하고, 포트폴리오의 목적, 그 포트폴리오는 어떻게 사용될 것인지 그리고 부모와 유아들의 역할을 확실히 규정하라. 이 전체적인 개요는 연초나, 새로운 유아가 프로그램에 등록할 때에 부모에게 주어질 수 있다. 하지만, 학교생활의 처음 몇 달 동안은 각 유아의 포트폴리오에 편지의 복사본을 넣어 두는 것이 유용하다는 사실을 알게 될지도 모른다.

가족에 대한 정보　　포트폴리오에 가족의 정보를 포함하는 것에는 장점이 많다. 부모의 의견은 당신에게 유아에 대하여 교실 외에서도 유아의 삶에 대한 정보를 제공할 수 있다. 가족들의 이름은 무엇인가? 그들은 어떤 일을 함께 하기를 좋아하는가? 가족에게 중요한 것은 무엇인가? 이 정보는 개인적인 장점, 요구, 잠재적인 어려움에 대한 결정을 내리는 데 몹시 중요할 수도 있다. 게다가, 부모의 참여는 교사가 유아와 그 유아의 가족과의 관계를 정립할 수 있는 방법을 제공해 준다. 기밀유지가 중요한 관심거리로 여전히 남아있음을 기억해야 한다. 가족에게 민감한 정보는 다른 유아들이나 가족들이 보게 해서는 안 된다.

부모의 의견　　앞서 언급했던 것처럼, 부모는 평가팀의 중요한 일원으로서 간주되어야 하고, 유아의 포트폴리오에 기여할 수 있도록 장려되어야 한다. [그림 2]는 의견서 견본이며, 이것은 부모나 유아들과 함께 하는 성인들이 관찰한 내용을 기록하기 위해 사용될 수 있다.

유아의 자기 평가　　유아들은 포트폴리오 전개 과정의 일부가 되어야 할 뿐만 아니라, 그들의 작업 평가에도 포함되어야 한다 (Losardo & Notari-Syverson, 2001). 유아가 자신의 포트폴리오를 평가할 때, 비판적 사고와 분석 기술을 발전시킬 수 있는 기회를 가지

```
                                        날짜: _____

  친애하는 _____

    나는 오늘 포트폴리오를 살펴보았고, 이에 대한 생각을 선생님과 나누고
  싶습니다!

  _____

  _____

  _____

  _____
```

[그림 2] 부모 의견서 샘플

게 된다. 어른들은 유아와 함께 포트폴리오의 내용을 검토하면서,
① 네가 너의 포트폴리오에서 가장 좋아하는/싫어하는 항목은 무엇
이며, 그 이유는 무엇인가? ② 이 그림/글/구술/받아쓰기/오디오테
이프가 네가 배운 것의 무엇을 나타내는가와 같은 질문에 대해서 유
아가 대답하는 것을 기록함으로써 포트폴리오 과정을 촉진시켜야
한다.

체크리스트와 일화기록들   이러한 도구들은 유아의 행동, 상호
작용 그리고 관심거리에 대한 정보를 기록하는 데 사용될 수 있다
(McDonald, 1997; Shores & Grace, 1998). 예를 들어, 체크리스트는
유아가 대부분의 시간 또는 가끔씩 최소의 수준으로 종종 참여하는
활동이나 교실의 영역을 기록하는 데 사용될 수 있다 교실에서 사
용되는 체크리스트는, 만약 정기적으로 완수된다면, 유아들의 개인

적인 흥미와 좋아하는 활동에 대한 정보를 제공해 준다. 반대로, 만약 유아가 상당한 소근육 운동 협응(motor coordination) (또는 다른 발달상의 영역을 나타내는 행동들)을 필요로 하는 활동을 피하는 것을 발견한다면, 당신은 이 영역에서 좀 더 세밀하게 탐색해 볼 수 있다.

일화기록은 간결하고 사실에 기반을 둔 메모이고, 대개 교사가 기록하는 것이고, 한 유아의 행동을 설명해 준다. 만약 정기적으로 기록이 된다면, 일화는 교사에게 한 유아의 장점, 흥미, 어려움에 대해 매우 유용한 정보를 제공할 수도 있다. 〈표 1〉은 교실에서 사용할 수 있도록 특별히 개발된 문서 양식의 예시다. 메모 패드가 일화를 기록하는 데 사용될 수 있기는 해도, 미리 고안된 문서양식은 기록하는 사람들이 메모를 작성하는 데 제한된 경험을 가지고 있더라도 일화를 빠르고 체계적으로 완성할 수 있게 한다. 또한 특정한 일화는 개별화 교육 목표를 향한 진보의 증거를 제공한다. 일화기록 견본에서 보여 주는 것처럼 벤은 J. K와 자연스럽게 들통과 부삽을 함께 사용한다. 교사는 이러한 간단한 사건이 사회 · 정서적발달의 영역에서 벤의 개별화 교육 목표 가운데 하나에 대한 증거를 제시한다고 표시했다. 확실히, 이러한 예를 공유하는 것은 벤의 친사회적 행동(prosocial behavior)의 발전에 대한 증거를 제공한다.

작업 견본　　대부분의 교사는 작업의 견본을 수집하는데, 그것은 글쓰기, 유아의 받아쓰기, 콜라쥬, 소묘, 그림 그리고 자르기의 예시들을 포함할 수 있다. 만약에 포트폴리오에 스티로폼이나 빨대로 만든 구조물과 같은 하나의 물건을 포함하는 것이 비현실적이라면, 사진으로 대체할 수 있다.

미술	블럭	책	컴퓨터
극 놀이	대근육 운동	집단 시간	점심
조작	수학	음악	낮잠
야외	퍼즐	과학	감각 테이블
간식	특별 활동	글쓰기 센터	기타

(일화기록 문서 양식의 뒷면)

사건/배경에 대한 부가적인 메모/의견

영역: 인지 대근육/소근육
　　　 언어 사회-정서 목적

벤은 모래사장에 혼자 있었다. JK가 모래상자 쪽으로 와서 그의 맞은 편에 앉았다. 벤은 들통과 부삽을 가졌다. 두 사람은 아무말없이 약 5초간 서로 쳐다보았다. 벤은 들통과 부삽을 JK에게 주었다. JK는 웃었고 모래를 따기 시작했다.

[그림 3] 일화기록 견본

오디오테이프 녹음　　오디오테이프는 유아의 발달에 대한 중요한 정보를 제공할 수 있다. 예를 들어, 유아의 책 읽기를 녹음 하는 것은 언어와 문장 이해 능력에 대한 자료를 제공할 수 있다. 유아가 또래 유아와 수학 게임을 할 때 기록을 하는 것은 그 유아의 수학적 개념의 이해도뿐만 아니라 사회적인 기술에 대한 정보를 제공해 줄 수도 있다. 녹음테이프는 교사, 부모나 유아가 검토할 수 있고 특정 유아와 함께 활동하는 말을 언어 치료사나 특수교육 교사가 분석할 수도 있다.

비디오테이프 녹화 비디오 녹화는 부모, 교사, 그 외 전문가들이 유아의 발달상황과 유아가 지닌 기술에 대해서 더 포괄적인 그림을 얻을 수 있게 한다. 이것은 특히 문서화하기 어려운 특정한 기술에 대한 정보가 요구될 때의 좋은 사례가 된다. 예를 들어, 개별화 교육 프로그램 목표가 집단시간의 적절한 상호작용의 수준과 연관된다면, 비디오 녹화는 집단 시간 동안 반복적으로 기록하여, 이 목표를 충족시키는 방향으로 나아가는 유아의 발달 정도에 대하여 분명하게 문서화할 수도 있다.

사진 사진은 유아의 능력과 흥밋거리에 대해서 교사와 부모에게 매우 유용한 정보를 제공할 수 있다. 예를 들어, 사진은 오랜 시간에 걸쳐서 유아가 머리를 가누는 것을 기록할 수 있거나, 글자나 숫자를 그리는 능력에 대한 증거를 제공할 수도 있다. 게다가, 다양한 또래, 활동과 자료들과 상호작용하는 것을 사진으로 기록하는 것은 유아의 포트폴리오를 더욱 개별화한다. 사진은 또한 특별한 방문객들, 집단 프로젝트, 현장학습과 같은 집단 활동을 기록하는 데에도 사용될 수 있다. 교사, 부모 그리고 유아는 포트폴리오에 포함된 사진에 대해 의견을 기록하고 싶어 할지도 모른다.
또한 사진은 집으로 가져갈 수 있는 작품을 만들기 어려운 유아의 경험을 기록하는 데 유용하다. 예를 들어, 심한 신체적 장애를 가진 유아는 그림을 그리거나 지역 소방서로 견학을 갔던 이야기를 구술

하는 데 어려움을 겪을 수도 있다. 하지만, 사진은 그 유아가 그러한 경험에 참여했다는 사실을 기록하기 위해 유아의 포트폴리오에 포함될 수 있다. 이와 마찬가지로 중요한 것은 부모에게 유아의 다양한 활동 등을 보여 준다는 사실이다.

일기 내용과 독서기록장   많은 교사가 자신의 교실에서 일기 쓰기와 독서 기록장(book log)을 읽기와 글쓰기의 발달을 촉진하기 위해 사용한다. 유아들은 그날 쓴 내용(journal entry)과 함께 글을 설명하는 그림(drawing)을 자신의 포트폴리오에 포함시킨다. 필요 시, 모든 유아가 일기 쓰기에 참여하는 기회가 주어지도록 상황이 조정되어야 한다. 또한 일기 쓰기의 복사본은 원본 대신에 포함될 수도 있다. 독서 기록장(book log)은, 유아가 학교나 집에서 읽는 책의 목록을 제공하게 되는 데 포트폴리오에 적절히 첨가될 수 있다.

포트폴리오와 그 내용을 조직하고 저장하기

지금까지의 논의는 포트폴리오의 내용이 될 수 있는 항목의 종류를 제시하는 것이었다. 이제는 포트폴리오에 포함된 정보뿐만 아니라 어떻게 포트폴리오를 조직하고 저장할 지에 대해서 결정을 내리는 일이 중요하다. 고리 세 개로 된 바인더, 다양한 종류의 파일 폴더, 복사 용지 박스 그리고 플라스틱으로 된 용기를 포함해서, 당신이 수집하는 아이템과 자료를 보관할 곳이 필요하다. 당신의 선택은 부분적으로는 가격, 저장 공간 고려에 따라, 또한 당신이 용기를 재사용하고 싶어 하는지, 포트폴리오에 포함할 아이템의 종류에 맞추어서 결정될 것이다. 당신이 자신의 포트폴리오 시스템을 개발할 때, 다음의 제안을 고려하는 것이 도움이 될 수 있다.

보관상자를 선택하라   포트폴리오 평가를 수행하기 위한 목표는 보관상자에서 개별적인 구분을 나누는 데 도움이 될 것이다. 예를 들어, 언어, 인지, 사회정서, 신체와 같은 발달 영역에 따라 포트폴리오를 배열하기로 결정할 수도 있다. 또한 포트폴리오를 개별화 교육 프로그램 목표나 다양한 교실 영역과 활동을 나타내는 부분으로 구별할 수도 있다.

포트폴리오를 쉽게 이용할 수 있는 위치에 두어라   포트폴리오는 그것을 검토할 수 있도록 허락을 받았거나, 포트폴리오에 기여하게 될 모든 사람이 쉽게 접근할 수 있는 곳에 보관되어야 한다. 만약에 당신이 교실을 같이 사용하거나 기밀에 대해서 염려가 된다면, 당신은 포트폴리오를 교실 안팎으로 이동 가능한 바퀴 달린 카트에 둘 수도 있다. 연필, 마커, 밑줄이 있거나 밑줄이 없는 종이, 구멍을 뚫는 펀치, 테이프, 스틱 풀, 사진을 위한 마운팅 시트(mounting sheets)(다음에서 논의될) 그리고 부모 의견 양식과 같이, 기여자들이 필요로 할지도 모르는 자료를 포트폴리오 근처에 두는 것이 도움이 된다.

사진을 정리하는 시스템을 개발하라   사진은 정보의 소중한 자원이 될 수 있으며 만들어 내기가 쉬워서, 당신은 빠른 속도로 많은 자료를 수집할 수 있다. 그 결과, 당신은 당신의 사진을 어떻게 처리할지 생각하게 될 것이다. 포트폴리오에 포함될 사진들은 미리 준비된 마운팅 페이지(mounting pages)에 첨부될 수가 있다. 이러한 것들은 전형적으로 가로 8½ 세로 11인치의 아랫부분에 밑줄이 있는 종이 시트로서 사진에 대해서 유아들이 다른 사람들이 불러 주는 것을 쓰거나, 정보를 기록하는 데 사용될 수 있다.

포트폴리오 평가 사이클을 완성하기: 분석, 계획, 수정

이전의 논의는 유아들의 포트폴리오에 포함될 수 있는 정보를 수집하고 정리하는 방법의 과정에 초점을 맞추었다. 비록 이 논의가 아주 중요하기는 하지만, 이것은 오로지 첫 번째 단계임을 이해하는 것이 중대하다. 자료가 수집된 이후, 행동과 발달상의 변화 패턴을 밝히기 위해서, 각 유아의 포트폴리오를 분석하는 데 관심을 돌려야 한다. 이제 이 포트폴리오가 '아동에 대해 무엇을 알려주는가'라는 질문에 대해 답을 주어야 하고, 어떻게 당신이 이러한 자료들을 유아의 개별화 목표와 교육과정상의 목표를 수정하는 데 사용할 것인지 결정해야 하기도 한다.

이전에 논의되었듯, 포트폴리오 평가에 대한 기본적인 가정은 그것이 팀의 노력으로 성취된다는 점이다. 팀 모임이 이루어지기 이전에, 포트폴리오 내용 요약이 준비되어야 하고 팀의 모든 구성원에게 배부되어야 한다. 영속성을 유지하고 체계적으로 계속적인 기록을 할 수 있도록 당신은 정보를 기록하는 데 사용할 수 있는 문서 양식을 원할지 모른다. [그림 4]는 당신이 이러한 목적을 위해 사용할 수 있는 문서 양식 예시다. 당신의 문서 양식 내용은 당신이 포트폴리오 평가를 수행하기 위해 가진 목표와 일치해야 하고, 해석을 하는데에도 자유로워야 한다. 다시 말해서, 당신은 요약문서양식을 완성하는 것처럼, 유아의 행동을 해석하거나 분석하려는 시도를 해서는 안 된다. 당신의 목표는 이전 회의 이후로 발생했으며 다음 팀 회의에서 논의할 초점이 될 수 있는 중요한 사건들이나(과) 행동들을 기록하는 것이다.

회의를 하고 난 후에, 팀 구성원은 주요한 논의점을 강조하는 검토서를 써야 한다. 검토서는 간결하지만, 종합적이면서 전문용어(jargon)는 사용하지 않아야 한다. 게다가, 보고서는 개별 유아의 목표나 목적에 대한 변화를 쓰고 유아의 현재의 기술과 능력의 분석을 포함하고, 교육과정과 활동을 수정하기 위한 구체적 계획들을 문서로 기록해야 한다. 예를 들어, [그림 4]에서, 키샤가 도움을 받지 않고 12개 조각의 퍼즐을 맞출 수 있었다는 사실을 알게 된다. 다음 평가의 기간 동안에는, 14개나 16개 조각의 퍼즐을 사용할 수 있도록 하고, 키샤가 이러한 더 어려운 퍼즐을 작업하는 것을 시작할 때 추가적인 자료가 수집되어야 한다. [그림 5]는 회의의 검토서를 위해 사용될 수 있는 샘플 문서 양식을 제시한다. 양식에는 다음 평가 기간 동안에 필요한 구체적 행동 단계와 교육과정상의 변화도 기록해야 한다.

포트폴리오 요약

아동의 이름: 키샤 워싱턴 요약 날짜: 2007. 6. 14.

준비자/지위: 조안나 알바레즈 교사

영역/범위	영역/범위
인지적 발달: −도움을 받지 않고 12개 조각의 퍼즐 완성함 −재로드와 매기와 놀면서 새로운 패쓰 게임(Path game)의 규칙을 발달시켰음 −집에서 엄마와 수학 게임에 대한 규칙을 만듦. −극 놀이 영역(마트 주제)에서 2주 동안 매일 놀았음.	• 보조 교사의 일화 기록 • 교사의 일화 기록 • 부모 의견 양식 • 체크리스트, 교사의 일화 기록, 언어 치료사의 일화 기록
언어/문장이해 능력: −도서 코너에서 미야에게 『브라운 베어, 브라운 베어(Brown Bear, Brown Bear)』를 읽음. −자신에 대한 이야기를 받아쓰기 함, 그림 그리기에 동반한 마틴과 캐서린. 그러고 나서 듣기 센터에서 녹음함. −창안적 철자쓰기(invented spelling)와 표준 철자법 둘 다를 포함해서 동물원으로 가는 현장학습에 대해 글쓰기를 함.	• 교사의 일화 기록 • 언어 치료사의 일화 기록 • 교사의 일화 기록
사회−정서적 발달: −캐서린, 마틴과 지난 4주 동안 우정을 발달시킴 −캐서린과 마틴 사이의 논쟁을 해결하는 데 도움이 되기 위해 문제−해결 전략을 사용함 −캐서린과 마틴의 극 놀이와 바깥놀이에 대한 규칙을 확립시킴	• 교사의 일화 기록, 극 놀이의 사진, 그림 • 학생 교사의 일화 기록 • 교사, 보조 교사, 학생 교사의 일화 기록
신체적 발달: −방 전면을 잘 보려고 눈을 가늘게 뜨고 봄 −체육관에서 도움 없이 여러 번 평균대를 완전히 걸을 수 있었음.	• 교사와 보조교사의 일화 기록 • 교사와 보조교사의 일화 기록

[그림 4] 포트폴리오 평가 회의 요약 양식 견본

아동의 이름:_____ 출생일: _____
팀 회의 날짜:_____ 장소: _____
팀 회의 참석자:_____
_____
검토자/지위: _____다음 회의 날짜: _____

기록의 분석과 해석	행동 단계/교육과정 수정
인지적 발달:	
언어/문장 이해 능력:	
사회-정서적 발달:	
신체적 발달:	

추가적인 의견:
_____
_____

[그림 5] 포트폴리오 평가 팀회의 검토 양식 견본

결 론

이 장은 유아들의 발달을 시간을 두고 평가하는 데 있어 실제적이고 상황적인 접근을 사용하는 것에 대한 논의를 했다. 포트폴리오 평가는 자료의 체계적인 수집과 자료의 해석을 요구하는데, 이것은 유아 기능의 현 수준을 규정할 뿐만 아니라 교육과정 계획 및 수정과 관련된 정보를 제공하는 데에도 사용될 수 있다.

교사들이 처음 포트폴리오 과정을 수행할 때, 그 과정의 평가 요소에서 그들의 관심이 다른 곳으로 이동할 가능성이 있다는 사실을 인식하는 것이 중요하다. 이러한 체계를 개발하고 실행하는 일은 꽤 시간 소모적일 수 있고, 포트폴리오와 그것의 내용물이라는 산물에 초점을 맞추는 것은 쉽다. 하지만 궁극적인 목표는 시간이 지남에 따라 이루어지는 발달을 문서화하는 데 포트폴리오를 사용해야 한다는 것을 기억하는 것과, 교수적 차원에서, 교육과정상에서, 그리고 유아의 개인적 목표에 따라 수정해야 한다는 사실이 아주 중요하다.

주

You may contact Ellen Lynch by e-mail at ellen.lynch@uc.edu.

참고문헌

Atkin, J. M., Black, P. J., & Coffey, J. E. (Eds.). (2001). *Classroom assessment and the national science education standards.*

Washington, DC: National Academy Press.

Black, P., & Wiliam, D. (1998). Assessment and classroom learning. *Assessment in Education, 5,* 7-74.

Bransford, J., Brown, A., & Cocking, R, (2000). *How people learn: Brain, mind, experience, and school.* Washington, DC: National Academy Press.

Greenspan, S. I., & Meisels, S. J. (1996). Toward a new vision for the developmental assessment of infants and young children. In S. Meisels & E. Fenichel (Eds.), *New visions for the developmental assessment of infants and young children*(pp. 11-26). Washington, DC: Zero to Three.

Gronlund. G. (1998). Portfolios as an assessment tool: Is collection of work enough? *Young Children, 53*(3),4-10.

Gronlund, G., & Engel, B. (2001). *Focused portfolios. A complete assessment for the young child.* St. Paul, MN: Redleaf Press.

Helm, J. H., & Gronlund, G. (2000). Linking standards and engaged learning in the early years. *Early Childhood Research & Practice, 2*(1). Retrieved June 2, 2006. from http://ecrp.uiuc.edu/v2n1/helm.html

Hills, T. W. (1993). Assessment in context-Teachers and children at work. *Young Children, 48*(5), 20-28.

Losardo, A., & Notari-Syverson, A. (2001). *Alternative approaches to assessing young children.* Baltimore Paul H. Brookes.

Lynch, E. M., & Struewing, N. (2002). Children in context: Portfolio assessment in the inclusive early child - hood classroom. In M. Ostrosky & E. Horn (Eds.), *Assessment. Gathering meaningful information* (pp. 83-96). Longmont, CO: Sopris West.

McDonald, S. (1997). *The portfolio and its use: A roadmap for assessment.* Little Rock, AR: Southern Early Childhood Association.

Meisels, S., & Atkins-Burnett, S.(2000). The elements of early childhood assessment. In J. Shonkoff & S. Meisels (Eds.), *Handbook of early childhood intervention*(pp. 231-257). New York: Cambridge University Press.

Meisels, S. J., Dichtelmiller, M., Jablon, J., Dorfman, A., & Marsden, D. (1997). *Work sampling in the classroom: A teacher's manual.* Ann Arbor, MI: Rebus.

Morrison, R. (1999). Picture this! Using portfolios to facilitate the inclusion of children in preschool settings. *Early Childhood Education Journal, 27*(1), 45-48.

National Association for the Education of Young Children. (2001). *NAEYC standards for early childhood professional preparation: Initial licensure programs.* Retrieved June 5, 2007, from http://www.naeyc.org/facultv/college.asp

National Association for the Education of Young Children & National Association of Early Childhood Specialists in State Departments of Education. (2003). *Early childhood curriculum, assessment, and program evaluation: Building an effective, accountable system in programs for children birth through age eight.* Washington, DC: Author.

National Council for Accreditation of Teacher Education/Council for Exceptional Children. (2002). *NCATE/CEC program standards: Programs for the preparation of special education teachers.* Retrieved June 5, 2007, from http://www.ncate.org/public/programStandards.asp?ch=4

Neisworth, J., & Bagnato, S. (2004). The mismeasure of young children: The authentic assessment alternative. *Infants and Young Children, 17,* 198-212

Neisworth, J., & Bagnato, S. (2005). DEC recommended practices:

Assessment. In S. Sandall, M.L. Hemmerer, B. J. Smith, & M. E. Mcl.ean (Eds.), *DEC recommended practices: A comprehensive guide for practical application in early intervention/early childhood special education*(pp. 45-50). Longmont, CO: Sopris West.

Nilsen, B. A. (2004). *Week by week: Documenting the development of young children.* Clifton Park, NY: Thomson Delmar Learning.

Shores, E. F., & Grace,C. (1998). *The portfolio book: A step-by-step guide for teachers.* Beltsville, MD: Gryphon House.

Smith, A. F. (2000). Reflective portfolios: Preschool possibilities. *Childhood Education, 76,* 204-208.

Smith, J., Brewer, D. M., & Heffner, T. (2003). Using portfolio assessments with young children who are at risk for school failure. *Preventing School Failure, 48,* 38-40.

Wortham, S. C., Barbour, A., & Desjean-Perrotta, B. (1998). *Portfolio assessment: A handbook for preschool and elementary educators.* Olney, MD: Association for Childhood Education International.

대안적 평가

유아를 위한 개별화 교수의 경로

Dawn C. Botts, Ed.D., Appalachian State University Boone, NC

Angela Losardo, Ph.D., Appalachian State University, Boone, NC

Angela Notari-Syverson, Ph.D., Washington Research Institute, Seattle, WA

린다는 비교적 가난한 시골 마을 유치원 교실에서 유아들을 가르치는 유아교육 전문가다. 그녀는 최근 신입생을 한 명 받게 되었다. 다니엘은 4세 유아고 이전에 다녔던 유치원에서 언어와 초기 문해력 선별검사를 통과하지 못한 유아였다. 린다는 유치원에 근무하는 언어치료사와 다니엘의 어머니와 연락하고, 다니엘이 필요로 하는 내용을 논의하기 위한 회의를 준비한다. 회의 동안에, 어머니는 단호하게 다니엘이 언어 발달상의 문제가 없다고 한다. 그녀는 다니엘이 집에서 쉴 새 없이 이야기하고 그의 요구사항, 좋아하는 것, 싫어하는 것을 가족들에게 알릴 수 있다고 진술한다. 하지만, 다니엘의 어머니는 다니엘의 책에 대한 관심에 우려를 표시한다. 그녀는 자신이 다니엘에게 책을 읽어 주려고 할 때 다니엘은 그녀의 무릎이나 옆에 앉으려고 하지 않는다는 사실과, 다니엘이 심지어 책을 적절하게 잡는 방법과 그림을 보는 방법에 대해서 모르는 것 같다고 말한다. 사실상,

다니엘이 책과 상호작용하는 것을 즐기는 것으로 보이는 유일한 방법은 그가 책을 집어 던질 때다. 어머니는 이러한 다니엘의 행동 때문에 너무나 좌절감을 느끼고 걱정이 되며, 다니엘이 그의 아버지나 할아버지처럼 읽지 못하는 상태로 자라게 될까봐 걱정이라고 말한다.

린다는 이제 다니엘과 관련해서, 교육과정상의 결정을 내려야 하는 상황에 직면해 있다. 그녀는 어머니의 걱정을 확실히 이해하고, 이 영역에서의 발달을 위해서 다니엘이 더 많은 언어와 초기 문해력 경험을 필요로 한다는 사실을 안다. 하지만, 린다는 다니엘의 현재 수준의 언어와 문해력을 확신하지는 못한다. 다니엘의 어머니가 제공한 선별검사 결과는 검사 동안에 다니엘이 보여 준 비협력적인 행동으로 인해 검사의 결과물이 아마도 다니엘의 진정한 능력을 나타낼 수 없다는 사실을 알려주었다. 그 보고서는 다니엘이 어머니와 잘 떨어져 있지 않으려고 한다는 것과, 다니엘이 평가 과업을 수행하려 하지 않다는 것, 그가 검사 자료들을 계속 집어던지고, 검사자와 놀이에 참여하는 것을 거부한다는 사실을 나타내었다. 이러한 정보에 기반을 두어, 린다는 다니엘의 발달상의 능력을 결정하는 계획에 있어 언어치료사와 협력하기로 한다. 린다와 언어치료사는 둘 다 다니엘의 언어와 초기 문해력 기술에 대한 전반적인 그림을 얻기 위해서는 다양한 평가 절차가 사용되어야 한다고 느낀다. 이러한 결정은 이러한 평가 접근에 동의하는 어머니와 논의하게 된다.

유아 전문가들은 날마다 교수 전략과 교실에서 유아들의 언어와 초기 문해력 발달을 효과적으로 발전시킬 지원에 대해 결정을 내려야 한다. 종종 이러한 결정들은 수많은 전문가가 수행했던 평가 절차에서 획득된 정보에 기반을 둔다. 평가에서 획득된 정보는 유아들의 학습에 영향을 미치기 때문에, 평가의 과정은 사실상 포괄적이어야 하고 유아의 능력에 대한 전체적인 그림을 이끌어 와야 한다. 따라서 유아 전문가들은 획득된 정보가 유아들의 실제적인 발달상의 능력과 그들의 교수적 필요조건을 나타내도록 하기 위해서 다양한 평가 도구와 절차를 적절하게 사용해야 된다는 것에 직면하게 된다. 이 장은 언어와 문해력상에서 뿐만 아니라 이 영역에서 개별화 교수를 전개할 때 어려움을 느끼는 유아들의 능력과 평가 절차에서 획득된 정보를 사용하고자 할 때, 전통적인 평가와 대안적인 평가를 실시하는 것에 대해서 고찰한다.

평가 과정의 개관

평가는 의사결정을 내릴 목적으로 유아들의 수행능력에 대한 정보를 모으는 과정이다(McLean, Bailey, & Wolery, 2004). 평가 과정을 통해 얻어진 정보는 ① 행동에 대한 가능한 원인들, ② 중재 전략, ③ 교수 수정, 그리고 ④ 학습에 대한 평가에 대한 전문가의 결정에 도움을 준다(Appl, 2000; Notari-Syverson & Losardo, 2004). 측정 결과는 다른 목적을 가진 네 가지 과정, 즉 선별(Screening), 진단(diagnosis), 프로그램 계획 평가, 그리고 진보발달의 모니터링

(Bricker, 1998; Losardo & Notari-Syberson, 2001)을 포함할 수 있다. 〈표 1〉은 평가 과정이 서로 어떻게 연관되는지를 도식적으로 설명해 준다.

서두에서 언급된 다니엘의 경우에서, 다니엘은 측정 과정에서 첫 단계인 선별을 완성하였다. 선별검사에서 다니엘의 수행능력은 더 심화된 수준의 검사가 필요할 것이라는 것을 나타내 준다. 따라서 평가 과정에서 다음 단계는 다니엘이 특수유아를 위한 교육 서비스를 받을 자격이 있는지를 결정하기 위한 진단이 된다.

다니엘에게 어떤 문제가 있는지를 결정하기 위하여 심층적이고 전반적인 테스팅 과정이 필요하다. 그리고 서비스를 받아야 한다는 결과가 나온다면 그는 특수교육 서비스를 받을 것이다.

유아교육협회(National Association for the Education of Young Children)와 교육부 아동전문가 전국연합회(National Association of Early Childhood Specialists in State Departments of Education, NAECS/SDE)(NAEYC & NAECS/SDE. 2003)뿐만 아니라 특수아동협회의 유아교육 분과[The Division for Early Childhood(DEC) of the Council for Exceptional Children(CEC), Neisworth & Bagnato, 2005]는 평가를 최선으로 실행하기 위한 권고사항을 규명하였다. 이것은

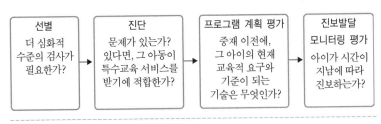

[그림 1] 측정의 과정

① 평가는 실제적인 것이어야 한다. 실질적인 과제나, 일상적 활동을 하는 동안에 참여한 아동들의 관찰에 근거를 둔 채로. ② 평가의 증거는 학습과 교수를 이해하고 향상시키는 데 사용되어야 한다. ③ 가족들은 평가의 과정에 활동적으로 참여하는 기회를 가져야 한다. 그리고 ④ 평가는 다양한 평가 방식, 다양한 측정, 그리고 다양한 관점을 포함해야 한다. 이러한 권고사항과 일치되도록 언어치료사, 린다, 어머니는 전통적인 평가와 대안적인 평가 절차 모두를 사용하기로 결정한다.

전통적인 평가

언어와 초기 문해력 기술의 평가에 대한 전통적인 접근은 표준화된 규준지향(norm-referenced)적인 도구 또는 준거지향(criterion-referenced)적인 도구를 사용할 수 있다. 이러한 종류의 도구들은 특정한 특징과 목적을 가지고 있고, 실행에 있어 어떠한 제한점을 가지고 있다.

표준화된 규준지향 도구　이러한 종류의 도구에서, '표준화된'이라는 용어는 도구를 사용할 때 검사 실시자가 일련의 행동적 가이드라인이나 규칙을 반드시 따르는 것을 나타낸다. '규준지향'이라는 용어는 비슷한 통계학적 특징(예를 들어, 나이, 성별)을 지닌 규준 집단의 수행능력과 유아의 수행능력이 비교된다는 사실을 지칭한다. 이러한 비교는 유아의 수행 능력이 유아의 연령에 적절한지 또는 수행능력이 지연된 것으로 간주되는지를 결정짓는 데 사용된다.

규준지향적인 검사의 결과는 표준화된 점수, 백분위 점수, 또는 발달상의 연령으로 보고된다.

규준지향적인 검사가 언어와 초기 문해력 기술과 같은 유아의 능력을 또래들의 능력과 비교하는 데 필요한 정보를 제공하는 반면에, 특히 취학 전 연령의 유아에게는 이러한 종류의 평가 도구를 사용함에 있어 세 가지의 심각한 제한점이 있다(Losardo & Norari-Syverson, 2001). 먼저, 규준지향 검사는 사람, 상황, 자료에 따른 유아 수행 능력의 가변성(variability)을 고려하지 않는다. 따라서 평가의 결과는 의심스러울 수도 있다. 왜냐하면 평가에 익숙하지 않은 과제와 사람들이 포함되어 있고 익숙하지 않은 상황에서 이루어지기 때문이다.

둘째, 규준지향 검사는 실제생활과제와 관련된 유아와 가족들을 관찰할 기회를 제공하지 않는다. 검사는 유아의 일상적인 경험을 반영하지 않는 부자연스러운 상황에서 일어난다. 많은 규준지향 검사는 그들의 교육적 관련성보다는 집단 간의 비교를 위해 선택된다.

셋째, 규준지향 검사는 전문가에게 유아의 학습 잠재력에 대한 정보를 제공하지 않으며, 중재전략과 교수수정에 대해 결정을 내리는 데 지침을 제공하지도 않는다. 규준지향적인 검사는 한 번에 그리고 고도로 구조화된 검사 상황을 요구하는 표준화된 절차에 따라 실행되고, 검사자들은 일반적으로 검사 절차에서 수정을 하거나 교수나 보조에 따른 유아의 수행능력에서의 변화를 측정할 기회를 갖지 못한다.

준거지향 도구　　두 번째 도구는 준거지향 검사로, 어떠한 내용 영역에 대하여 기술된 준거와 정확도의 구체적인 수준과 관련된 유아의 수행능력을 측정한다(Bagnato & Neisworth, 1991; Taylor, 2000). 준거지향 검사는 대개 단어 발견과 작업 기억(working memory)과 같은 신경심리학적(neuropsychological) 능력을 평가하지는 않는다(Wiig, 2000). 준거지향 검사에 대한 항목들은 대개 발달 영역이나 주제 분야 내에서 배열된다. 수치화된 점수는 유아들이 숙달하게 된 지식의 부분을 나타내는 데 사용되고, 조정이 허용되고 최상의 조건에서 유아 행동에 대한 대표적 샘플을 선택하게 된다(Losardo & Notari-Syverson, 2001; Wiig, 2000). 준거지향 검사의 결과는 교육과정 계획을 세울 때 사용될 수 있다(Losardo & Notari-Syverson, 2001; Sodoro, Allinder, & Rankin-Erickson, 2002).

준거지향 도구가 개별화 교수에 정보를 제공하는 데에 더 적합한 반면에, 이 도구에도 제한점이 많다. 많은 준거지향 도구들은 다양한 규준지향 도구에서 분리된 개별 항목들을 포함하는데, 개별 항목들에 있어서의 표준화된 점수들을 사용하는 것은 타당하지 않으며, 교육적 관련성을 제한한다(Johnson, 1982). 부가적으로, 특정한 내용을 평가하기 위한 준거지향 검사의 과제는, 이것을 추구하는 교사들이나 다른 전문가들에게는 지루한 과정일 수도 있다. 준거지향 검사 도구의 또 다른 단점은 표준화된 절차의 부족과 신뢰도 및 타당도에 관련된 정보가 부족하다(Sodoro, Allinder, & Rankin-Erickson, 2002).

전통적 평가의 실제적인 제한점　　서두 부분의 내용으로 다시 돌아가 보면, 언어치료사는 다니엘의 언어와 문해력 기술을 평가하기 위해서, 단어 수용 어휘 검사, 전반적 언어 기능 검사, 음운론적인 처리 기술을 평가하는 초기 문해력 검사, 조음검사를 해보기로 한다. 모든 도구는 표준화된 규준지향 검사다. 일정이 잡힌 평가의 날에, 다니엘과 그의 어머니는 시간에 맞추어 유치원에 도착한다. 다니엘은 쉽게 그의 어머니에게서 떨어지고 검사 장소로 언어치료사와 함께 간다. 다니엘은 기꺼이 테이블에서 자리를 잡고 장난감을 가지고 놀면서 언어치료사와 상호작용을 하기 시작한다. 하지만, 다니엘은 테이블에 앉아서 검사 활동을 하는 것에 금세 싫증을 낸다. 그는 때때로 검사 자료를 던지고 검사자에게 "내가 놀고 싶어 하는 것"을 원한다고 반복적으로 말한다. 다니엘이 검사에 관심을 덜 보이므로, 언어치료사는 계획했던 검사를 완료할 수가 없다. 그 다음 날, 언어치료사는 언어와 문해력 검사를 완수하려고 시도한다. 또다시, 다니엘은 짧은 시간동안 검사 과제에 참여하지만 이내 검사를 계속하지 않으려고 한다.

평가의 결론에서, 언어치료사는 계획한 진단적 목적의 한 부분을 완수하지만 그녀 스스로 다니엘의 현재의 기능 수준을 반영할 만한 자료를 얻지는 못했다고 느낀다. 그녀는 결론을 여러 가지 요소에 근거로 둔다. 먼저, 그녀는 다니엘이 검사를 받는 것을 잘 수행할 수 없고, 이러한 것이 많은 테스트 항목에 영향을 주었다고 느낀다. 더 구체적으로 말하면, 그가 익숙하지 않은 평가 자료와 상호작용을 하고, 부자연스러운 상황에서 임무를(예를 들어, 그림을 손으로 지적하기, 복잡한 지시사항을 따르기, 두 단어가 운을 맞추는지를 인식하기) 수행하게 된 것이 서툰 수행 능력을 보이는 결과를 이끌어내었다는 것이다. 둘째, 그 검사가 다니엘이 익숙하지 않은 방식으로 행동할 것을 요구하였다고 생각한다. 예를 들어, 긴 시간 동안 테이블에 앉아

있어야 하고, 순응하는 행동을 보이고, 잘 모르는 누군가가 하는 명령을 수행할 것으로 기대되었다. 이러한 조건들은 그의 능력에 대하여 부정확한 상을 주는 결과를 초래한다. 셋째, 다니엘이 익숙하고 실제적인 생활 활동에서 자신이 가진 언어와 문해력 기술을 드러낼 기회가 없었다고 느낀다.

언어치료사는 평가 자료로부터 획득된 정보를 교육과정을 결정하는 데 사용하는 것에 의구심을 가진다. 교사가 다니엘의 언어와 초기 문해력 목표를 개별화하거나, 다니엘의 학습을 돕게 될 지원이나 교수적 전략에 대한 결정을 내리는 데 필요한 종류의 정보를 진단검사의 결과가 제공하지 못했다고 그녀는 느낀다. 이러한 염려로 인해, 언어치료사는 대안적 평가 절차를 통해 다니엘에 대한 더 심화된 정보를 모아야 한다는 사실을 깨닫게 된다.

평가에 대한 대안적 접근

새롭고 혁신적인 대안적 평가 접근은 유아에게 전통적인 평가를 사용하는 데 제한점을 해결하기 위해 개발되었다. [그림 2]에서 설명되는 것처럼, 대안적 평가 모델(Losardo & Notari-Syverson, 2001)은 세 가지 주요한 범주에 들어맞는다. 그것은 삽입된, 실제적 그리고 중재적 접근이다. 〈표 1〉은 각각의 세 가지 범주의 핵심적인 특징들에 관해서 상세하게 설명한다.

삽입 모델: 어디서 평가할 것인가

평가에서 삽입 모델은 유아 발달의 전 영역에 걸친 기술들은 아동 주도(child-initiated) 상황, 일상 그리고 계획된 활동 상황에 포함되어있고, 이러한 기술들을 보여 줄 수 있는 다양한 기회에서의 방법을 언급한다. 이렇게 함으로써, 전통적인 평가의 제한 가운데 한 가지가 해결된다. 이러한 평가는 유아기 전문가들이 "어디에서" 평가를 수행할 것인가를 결정하는 데 길잡이가 된다. 자연적이고 놀이를 기반으로 한 평가는 삽입된 접근의 구체적인 예시다.

개별화 교수를 실시하는 데 있어서, 자연적이고 놀이를 기반으로 한 평가를 성공적으로 사용하기 위해서는 세 가지 단계가 필요하다. ① 위치의 결정, ② 적절한 절차를 선택, ③ 평가팀의 각 구성원을 위한 적절한 역할 결정이 바로 그것이다. 자연적이고 놀이 기반의 평가는 놀이상황과 전형적인 활동의 배경 내에서 이루어진다. 따라서 이러한 활동의 계획과 수행은 평가 과정을 성공적으로 이끈다.

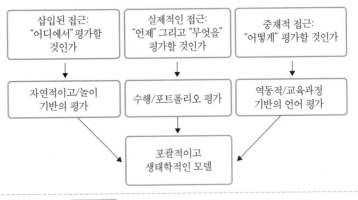

[그림 2] 평가에 대한 대안적 접근을 위한 틀

자연적이고 놀이 기반의 평가에서 첫 단계는 평가 장소와 시간을 결정하는 것이다. 다니엘의 경우, 평가는 관찰되는 활동의 종류에 따라 그의 집, 어린이집, 또는 유치원에서 이루어진다. 평가 계획은 한 명 이상의 전문가를 포함할 수 있다. 따라서 다니엘을 평가하는 팀의 구성원들은 평가가 이루어지기 전에 그의 행동과 언어와 초기 문해력 기술을 논의하기 위해 만나게 될 것이다.

두 번째 단계는 적절한 평가 절차의 선택이다. 인터뷰 과정은 다니엘과 그의 가족에 대한 적절한 배경 정보를 얻기 위해 사용되어야 한다. 가족 및 팀 구성원과 협력해서, 검사자는 다니엘의 언어와 초기 문해력에 대한 다양한 견해를 제공해 줄 평가 도구와 절차를 집, 유치원, 지역사회 환경 전역에 걸쳐서 선택해야 한다. 게다가, 평가 도구는 정보가 사정 과정(assessment process)에서 중재 과정으로서, 이후 평가의 절차(evaluation procedure)로 연결될 수 있도록 선택되어야 한다.

자연스러우며 놀이 기반의 평가 과정의 마지막 단계에서는, 평가 팀의 역할과 책임이 결정되어야 한다. 다니엘의 가족이나 돌보는 사람들은 평가 과정에서 완전한 참가자로 활동하도록 초대되어야 하고 그들의 역할에 대하여 선택권이 주어져야 한다. 다니엘의 유치원 교사와 어머니와 언어치료사는 다니엘의 실제적인 언어와 문해력에 대한 정확하고 전반적인 형태를 알기 위해 어떻게 정보를 수집할지에 대해 논의하기 위하여 만난다. 그들은 자연스러운 평가방법으로 평가하기로 한다. 팀은 부모 인터뷰를 통해 얻어진 정보를 보충하기 위해 체크리스트의 형태의 언어와 문해력 도구를 선택한다. 팀은 언어치료사가 며칠 동안 집과 교실에서 다니엘을 관찰하기로 결정한

〈표 1〉 대안적 평가 모델의 특징

모델	특징
포함된 모델	• 다양한 활동과 상황에서 유아들의 수행능력을 측정
	• 평가 활동은 아동 주도적, 일상적, 또는 계획된 것이어야 함
	• 사전에 결정된 행동은 익숙한 전문가와 성인에 의해서 관찰되고 기록됨
	• 평가 결과는 양적 · 질적으로 보고됨
	• 유아의 독립과 사회적 상호작용을 향상시키기 위한 기능적인 기술에 초점을 둠
	• 관찰, 인터뷰, 체크리스트의 사용을 통해 달성될 수도 있음
실제적 모델	• 지식을 실제의 상황에 적용할 수 있는 능력을 측정
	• 평가 활동은 일상적 생활의 일부이거나 평가를 위해 구체적으로 개발됨
	• 아동의 행동을 개발하고, 수집하고 문서화하고 평가하는 데 협력이 요구됨
	• 평가 결과는 양적 · 질적으로 보고됨
	• 실생활에서의 과제 완성을 통하여 유아의 능력에 대한 프로필을 알려주는 것에 초점을 둠
	• 형식적인 검사, 관찰, 인터뷰를 통해 달성될 수 있음
중재적 모델	• 지침이 딸린 교수를 통해 수업에 대한 유아의 반응성을 측정
	• 유아의 학습 잠재성을 결정하기 위해 고안된 평가 활동
	• 어떻게 유아가 문제 해결을 하고 학습하는지를 결정짓기 위해 팀의 협력이 요구됨
	• 평가 결과는 양적 · 질적으로 보고됨
	• 유아의 학습 전략과 문제 해결 능력에 초점을 맞춤
	• 관찰과 직접적인 검사를 통하여 수행될 수 있음

다. 평가 활동은 그가 물체나 사람을 식별하는 것과 같은 활동들, 그가 책을 볼 때의 행동, 익숙한 노래나 이야기에서 나오는 구문을 반복하는 것, 그리고 어른들이 쓰는 문장을 다양하게 사용하는 것을 관찰하는 것을 포함할 것이다. 따라서 평가 결과는 다니엘의 실제 기능 수준을 더 정확하게 설명해 줄 것이고, 팀에게 그의 장점, 약점, 관심 영역에 대한 정보를 제공하게 될 것이다.

실제적 모델: 언제 그리고 무엇을 평가할 것인가

실제적 모델은 일상의 과제를 완성하는 과정에서 유아의 능력을 기록하여 프로파일화하는 평가 활동을 지칭한다(Lynch & Struewing, 2001). 따라서 전문가는 유아들과 가족들이 실제 생활에서의 과제들에 참여할 때, 그들을 관찰함으로써 전통적 평가에서의 두 번째 제한점을 해결한다. 실제적 평가 모델은 전문가들이 "언제" 평가를 수행할 것이고, "무엇을" 관찰할 것인가를 결정하는 데 도움을 준다. 수행평가는 평가에 있어 실제적 접근의 구체적 예시다. 수행평가는 유아들이 자신의 지식을(예를 들어, 이야기를 들려줌으로써 수행할 수도 있고, 애완동물의 그림을 그릴 수 있고, 마트 방문 전에 쇼핑리스트를 만들 수 있는 것) 보여 주고 적용하는 기회를 제공받는 방식을 지칭하는 광범위한 용어다. 과제라는 것은 특히 평가를 위해서 개발되거나 일상의 한 부분으로써 발생할 수도 있다.

포트폴리오 평가는 일종의 수행평가다. 포트폴리오 평가에서, 유아의 작업은 유아의 노력, 진보, 성취를 문서화하기 위해 시간을 두고서 수집된다(Arter & Spandel, 1991). 포트폴리오는 미술, 그림, 점토 만들기, 모형제작의 사진, 비디오테이프, 체크리스트, 교사가 관찰한 일화기록 그리고 부모와 인터뷰를 한 메모와 같은 결과물(artifacts)을 포함할 수도 있다. 포트폴리오는 친숙하고 문화적으로 관련된 환경과 교육적 환경에서 유아들의 능력과 진보에 대한 정보를 전문가들과 양육자들이 공유하는 효과적인 방식이다. 포트폴리오를 구성하는 결과물의 수집은 여러 가지 방식으로 수집될 수 있다. 전문가들은 고리를 끼운 공책, 파일 박스, 아코디언 형태의 파일 홀더, 컴퓨터 디스크를 사용할 수 있다. 포트폴리오는 잘 조직되어야 하고 유아들의 능력과 요구조건과 관련해서 부분들로 나누어질 수도 있다. 포트폴리오 영역은 유아의 개별화 교육 계획(IEP) 목표, 문서의 종류(예: 그림, 일화적인 메모, 부모 인터뷰), 발달 영역(예: 의사소통, 운동, 사회성), 교육과정 영역(예: 문장이해능력, 수학) 또는 상황(context)(예: 교실, 가정)을 포함할 수 있다.

포트폴리오 평가를 성공적으로 수행하는 데 있어서의 핵심적인 구성요소는 전문가들이 유아들을 언제 평가할지를 알고, 평가하고자 하는 기술의 종류를 언제 결정할지, 그 이후 언제 문서화 방식을 선택할지 이해하는 것이다. 다니엘의 사례에서, 유치원 교실에서 유아들과 놀 때라든지 그가 실제의 조기 언어활동에 관련되어 있는 동안, 예를 들어 어머니와 책을 읽고, 가게 표지판을 보고 친숙한 글자를 알아내고, 할머니를 위한 생일 카드에 그의 이름을 쓰거나, 좋아하는 노래를 위한 새로운 단어를 만들어내는 것과 같이 문해력 활동을 하고 있을 동안에, 다니엘을 평가하는 것을 포함하게 될 것이다. 다니엘의 팀은 그들이 평가하고자 하는 기술의 종류와(예를 들어, 책/인쇄물 인식, 초언어적인 인식, 구어) 가족과 팀 구성원들이 사용할 적절한 문서화의 방식(예를 들어, 일화기록, 체크리스트, 비디오테이프, 샘플)을 결정할 필요가 있을 것이다. 자료에 대한 해석은 상당한 양의 시간이 걸릴 수 있다. 예정된 회의시간 동안, 교사, 어머니 그리고 언어치료사는 세부적 사항들에 면밀하게 주의를 기울이고, 결론을 성급하게 내리는 것을 피하고, 문제의 해결과 앞으로의 관찰과 자료 수집에 대한 결정을 내리는 일에 참여할 필요가 있을 것이다.

다니엘의 팀은 이러한 평가 절차를 천천히 시작하기로 결정한다. 다니엘의 어머니와 교사는 구체적인 행동을 관찰하고 그들이 관찰한 내용을 문서화하는 데 자신들의 능력이 충분할지에 대해 걱정을 표명한다. 팀은 수행평가를 수행하기로 하고 그들이 평가하게 될 문해 기술로써 책 인식하기(book awareness)를 선택한다. 특히, 그들은 다니엘이 책을 잡고, 페이지를 넘기고 책에 있는 그림에 대해서 간단한 의견을 말하는 다니엘의 능력을 설명하기 위해, 관찰을 하고 일화기록을 할 것이다. 이러한 기술들은 유치원 교실과 집 상황에서 관찰될 것이다. 팀은 그들이 각자 관찰한 것을 논의하고, 그들이 발견한 것을 해석하고 앞으로의 관찰에 대해 결정을 내리기 위해서 주 단위로 만나기로 한다.

중재적 모델: 어떻게 평가하는가

평가의 중재적 모델은 안내하는 교수 방법을 이용하여 유아의 반응성을 관찰하는 것을 의미한다. 따라서 전문가에게 유아의 학습 잠재력에 대한 정보를 제공함으로써 전통적인 평가에 대한 세 번째 제한에 반응하게 된다. 이러한 모델은 영유아 전문가들이 "어떻게" 평가를 수행할 것인지를 결정하도록 한다. 역동적인 평가와 교육과정에 기반을 둔 평가는 중재적 접근의 구체적인 예시다. 역동적 평가는 검사자가 도움을 제공하여 유아들의 학습 잠재력을 이해하려고 시도하는 평가 절차를 지칭하는 폭넓은 용어다(Swanson, 1996). 중재반응모형(RTI)은 적절한 수준의 교수를 결정하기 위해 계속적으로 평가가 이루어지는 역동적인 평가로써 최근의 적용방법이다(Kadaverak & Justice, 2004).

교육과정을 기반으로 한 언어 평가는 교실 안에서 언어적으로 능숙한 학습자가 되기 위해서 유아들이 필요로 하는 지원의 종류를 결정하는 데 사용될 수 있다(Nelson, 1994). 이러한 종류의 평가는 교육과정 운영상에 필요한 언어적인 요구와 유아의 언어적인 능력 사이에 존재할 수 있는 잠재적인 간격을 규명하는 데 있어 유아전문가들을 돕게 된다. 문화적으로 다양한 배경 출신의 또는 학습 장애를 가진 유아는 특히 이러한 접근의 평가에서 혜택을 얻을 수도 있다.

역동적이고 교육과정 기반의 평가를 수행하기 위해서, 한 팀의 전문가들과 유아들을 돌봐 주는 양육자들은 유아들에게 가장 문제의 여지가 있는 교육과정의 영역을 식별해야 한다. 팀은 유아들이 반드시 성취해야 하는 교육과정상의 목표 및 목적과 더불어, 유아들이 시간을 보내는 상황과 관계되는 상황적·언어학적으로 요구되는 것들을 살펴보아야 한다. 예를 들어, 대부분의 주는 유치원을 졸업하기 전에 성취해야 하는 유아들의 초기 학습과 학업 준비 기준을 규정하였다(Grisham-Brown, Hemmeter, & Pretti-Frontczack, 2005).

다니엘의 경우, 팀은 유치원 상황에서 다니엘이 성공적으로 생활할 수 있는 언어와 초기 문해력을 가지고 있는지 찾아내야 한다. 상황적·언어적 요구와 교육과정 목표와 유치원 기준을 살펴본 뒤, 성인이나 더 능숙한 또래들이 중재하는 상태와 그들이 중재하지 않는 상태에서 다니엘의 능력을 평가해야 한다. 다음으로 다니엘의 팀은 다니엘이 성공적인 학습자가 되는 데 필요로 하는 언어와 초기 문해기술을 가졌는지 결정해야 한다. 그 팀은 중재용 평가 도구와 다니엘의 현재 기능적인 작용에 대한 정확한 정보를 제공하게 될 접근을 어떤 종류로 할지 결정할 필요가 있을 것이다. 비계, 안내하는 교수는 교사의 지원이 있을 때와 없을 때의 다니엘이 가진 능력을 결정짓는 데 사용될 수 있다. 그 이후 팀은 누가 다니엘을 평가할지와 언제 그 평가가 이루어질지를 결정해야 한다. 마지막으로, 팀은 교육과정상의 필요와 다니엘의 능력에 있어 발달상의 성장 변화요소를 모니터해야 한다. 팀은 다니엘의 진전을 논의하기 위해, 그리고 앞으로의 교수와 지원을 추천하기 위해 정기적으로 만날 필요가 있을 것이다.

모아서 결합하기(Bring It All together)

다니엘의 팀은 다니엘에게 가장 문제가 되는 교육과정 내의 두 영역을 알게 되었다. 그것은 바로 어휘와 지시 따르기(following directions)이다. 팀은 다니엘이 가지고 노는 장난감의 이름이나, 학급에서 함께 읽는 책에 나오는 그림의 이름을 대부분 알지 못한다는 사실에 대해 이야기한다. 이에 덧붙여, 다니엘은 담임교사가 가령 원모양으로 유아들을 앉게 하거나 요청하는 지시의 대부분을 따르는 법을 이해하지 못한다. 교사는 다니엘이 지시를 따르지 않을 때 적대적인 행동을 하지는 않는다고 한다. 다니엘은 자신이 행하도록 기대되는 바를 이해하지 못하는 것 같다고 교사는 설명한다. 짧은 논의를 한 이후에, 팀은 다니엘이 교실과 가정 환경에서 주어지는 간단하고 일상적인 지시사항의 일부를 어떻게 따를지를 결정하는 것이 중요하다는 결론에 이른다. 그들은 교사나 어머니가 지시를 할 때, 다니엘이 어떻게 지시를 따르려고 시도하는지에 대해서 집중적으로 관찰하기로 한다. 그리고 교사나 어머니가 다니엘에게 지시를 따르지 않는 것에 대해 피드백을 줄 때, 다니엘이 어떤 반응을 보이는지에 대해서도 자세히 관찰하기로 한다. 그들은 관찰한 결과를 해석하기 위해서 주말에 회의 일정을 잡는다. 그때 다니엘에게 지시를 따르도록 가르치기 위해서 사용할 수 있는 전략을 논의할 것이다.

다니엘이 가진 어휘력에 대한 기술 또한 평가되어야 할 영역이기 때문에, 언어치료사는 다니엘이 교실에서 제한된 어휘를 이용해서 어떻게 커뮤니케이션을 시도하는지와, 다니엘에게 놀이 상황에서 언어치료사가 제공하는 지원에 대해서 다니엘이 반응을 보이는지에 대해서 초점을 맞추어야 한다고 팀은 결정을 내린다. 언어치료사는 그녀의 결과물을 일주일 후의 회의에서 보고하게 될 것이다.

결 론

전문가들은 일상적으로 교육과정 결정을 하고 유아들의 진보의 정기적인 관찰에 따라 교수를 조정한다. 대안적인 평가의 체제

(frame work)는 다양한 발달 능력을 평가할 수 있고, 개별화된 교수, 진보의 모니터링, 그리고 유아의 요구에 적합한 교수를 조정하기 위한 소중한 정보를 제공할 수 있다. 〈표 2〉는 다양한 대안적 모델과 방식에 대해서 그리고 어떻게 이러한 방식들이 중재와 유아들의 진보발달의 모니터링과 연결되는지에 대한 개관을 설명해 준다.

다니엘의 사례에서, 일단 팀이 그들의 초기 평가를 완수하고, 다니엘을 위해 적절하게 개별화된 언어와 초기 문해력에 있어서 목표와 목적의 우선순위를 정하기만 하면, 이들은 또한 정기적으로 다니엘의 진보에 대한 자료를 수집하고 공유하는 계획을 전개시킬 것이다. 대안적인 평가 접근은 미국유아교육협회(National Association for the Education of Young Children: NAEYC)와 교육부 유아 아동 전문가들의 전국연합(NAECSSDE; NAEYC/NAESSDE, 2003) 그리고 유아교육 분과(Division for Early Childhood: DEC. Neisworth & Bagnato, 2005)가 최상의 평가의 실제를 위해 추천(recommendations)한 것과 일치한다. 이 조언들은 영유아를 지도할 때 이상적이다. ① 이 조언들은 쉽게 일상적인 다양한 활동과 상황에 통합될 수 있고, ② 이 조언들은 실제 과제와 활동에 관련되는 유아들과 가족들과의 상호작용과 관찰을 이용하고, ③ 이 조언들은 성인에 의한 중재에 따른 변화를 측정하기 때문이다(Losardo & Norati-Syverson, 2001).

〈표 2〉 대안적 평가 방식이 중재와 평가에 어떻게 직접적으로 연결되는가

대안적 평가	주요한 방식	중재를 위한 시사점	진보 모니터링/평가
삽입된 모델			
활동 중심의 평가	• 체크리스트 • 인터뷰 • 일화적 메모 • 빈도기록 　(Counts/tallies) • 사건/시간 샘플링	평가는 교수 목표를 식별하는 데 유용한 정보를 제공함.	빈번한 관찰과 자료 수집을 허락함.
놀이 중심의 평가	• 체크리스트 • 인터뷰 • 일화적 메모 • 빈도기록 　(Counts/tallies) • 사건/시간 샘플링	평가는 일상에서 유아들의 전형적인 행동에 관한 기능적 정보를 제공함.	빈번한 관찰과 자료 수집을 허락함.
실제적 모델			
수행평가	• 일화적 메모 • 작업 샘플 • 사진 • 비디오테이프	익숙한 환경에서 유아가 보이는 실제적 행동의 평가에 기반을 둔 유의미한 목표와 목적임.	다양한 형식의 문서가 함께 수집되고 계속적으로 쉽게 검토될 수 있음.
포트폴리오 평가	• 일화기록 • 작업 샘플 • 사진 • 비디오테이프	가족이 유아의 행동을 관찰하고 유아를 위한 목적과 목표에 대한 우선순위를 매김.	가족이 유아의 진보를 평가하는 데 적극적으로 참여하고, 어떻게 그 유아가 여러 상황에 있어서 그리고 다양한 사람들과의 관계에서 기술을 일반화하는지에 대한 정보를 제공함.

중재된 모델			
역동적 평가	• 체크리스트 • 일화적 메모 • 작업 샘플	교수 전략과 수정을 규정하는 데 유용한 정보를 제공	평가는 한 유아가 어떤 과제를 수행하기 위해 필요로 하는 도움의 종류와 강도에 대한 정보를 제공해 준다.

주

You can reach Dawn C. Botts by e-mail at bottsdc@appstate.edu

참고문헌

Appl, D. J. (2000). Clarifying the preschool assessment process: Traditional practices and alternative approaches. *Early Childhood Education Journal, 27*(4), 219-225.

Arter. J, A., & Spandel, V. (1991). *Using portfolios of student work in instruction and assessment.* Portland, OR: North west Regional Education Laboratory.

Bagnato, S. J., & Neisworth, J. T. (1991). *Assessment of early intervention: Best practices for professionals.* New York: The Guilford Press.

Bricker, D. (1998). *An activity-based approach to early intervention* (2nd ed.). Baltimore: Brookes Publishing Co.

Grisham-Brown, J., Hemmeter, M. L., & Pretti-Frontczak, K. (2005). *Blended practices for teaching young children in inclusive settings.* Baltimore: Brookes Publishing Co.

Johnson, N. M. (1982). Assessment paradigms and atypical infants: An interventionist's perspective. In D. Bricker (Ed.), *Intervention with at-risk and handicapped infants: From research to application*(pp. 63-76). Baltimore: University Park Press.

Kadaverak, J., & Justice, L. (2004). Embedded-explicit emergent literacy intervention II: Goal selection and implementation in the early childhood classroom. *Language, Speech and Hearing Services in Schools, 35*, 212-228.

Losardo, A., & Notari-Syverson, A. (2001). *Alternative approaches to assessing young children.* Baltimore: Brookes Publishing Co.

Lynch, E. M., & Struewing, N. A. (2001). Children in context: Portfolio assessment in the inclusive early childhood classroom. *Young Exceptional Children, 8*(1), 2-10.

McLean, M., Bailey, D., & Wolery, M. (2004). *Assessing infants and preschoolers with special needs.* Upper Saddle River, NJ: Pearson Education.

National Association for the Education of Young Children (NAYEC) & National Association of Early Childhood Specialists in State Departments of Education (NAECS/SDE). (2003). Joint position statement. Early childhood curriculum, assessment, and program evaluation: Building an effective, accountable system in programs for children birth through age 8. Retrieved December 20, 2006, from http://www.naeyc.org/about/positions/cape.asp

Neisworth, J. T. & Bagnato, S. J. (2005). DEC recommended practices: Assessment. In S. Sandall, M. L. Hemmeter, B. J. Smith, & M. E. McLean (Eds.), *DEC recommended practices: A comprehensive guide for practical application in early intervention/early childhood special education* (pp. 45-69). Longmont, CO: Sopris West.

Nelson, N. W. (1994). Curriculum-based language assessment and intervention across the grades. In E. Wallach & K. Butler (Eds.), *Language learning disabilities in school-age children and adolescents*(pp. 104-131). New York: Macmillan.

Notari-Syverson, A. & Losardo, A. (2004). What assessment means to early childhood educators. *Exchange, 72-76.*

Sodoro, J., Allinder, R. M., & Rankin-Erickson. J. L. (2002). Assessment of phonological awareness: Review of methods and tools. *Educational Psychology Review, 14,* 223-260.

Swanson, H. L. (1996). Classification and dynamic assessment of children with learning disabilities. *Focus on Exceptional Children, 28*(9), 1-20.

Taylor, R. L. (2000). *Assessment of exceptional students: Educational and psychological procedures* (5th ed.). Boston: Allyn and Bacon.

Wiig, E. H. (2000). Authentic and other assessments of language disabilities: When is fair fair? *Reading and Writing Quarterly, 16,* 170-210.

중재충실도 평가와 진보 모니터링을 통한 영유아의 성과 향상

"중재를 제대로 하고 있는가? 그리고 그것은 효과가 있는가?"

Gayle J. Luse, Ph.D., Carla A. Peterson, Ph.D.,

Iowa State University

모든 유아의 발달을 증진시키기 위해서 효율적인 서비스를 제공하는 것이 유아에게 제공하는 서비스의 목표다. 다시 말해, 이는 장애가 있거나 장애의 위험에 처해 있는 영유아를 포함하는 프로그램에 특히 중요하다. 개별 유아를 위한 프로그램의 효율성을 보장하기는 어려울 수 있다. 그리고 많은 유아가 그들의 구체적인 목적을 다룰 수 있는 개별화된 중재를 필요로 할 것이다. 이러한 중재가 잘 계획되고 수행되어야 하는 것은 필수적이다. 사실상, 특수아동협회(CEC)의 유아교육 분과(DEC)는 이러한 문제를 "교수 전략은 정확도, 일관성, 빈도, 강도 면에서 충분히 사용해서 적절한 행동이 자주 일어나게 해야 한다(Wolery, 2002, p. 37)를 서두로 하는 지침으로 이 문제를 해결하는 실제를 추천한다. 이 장은 중재의 충실도와 교사들이 개별적 중재의 효율성을 보장하는 데 사용할 수 있는 아동 진보 모니터링에 대해 설명한다.

영스턴 씨(Ms. Youngston)는 경험이 많은 유치원 교사로서, 그녀 학급의 모든 유아의 개인적인 요구를 충족시키기 위해 상당한 노력을 한다. 그녀는 관련된 문제를 연구하고 어떻게 자신의 교수방법을 향상시킬 수 있을지에 대해 자주 다른 교사들과 이야기를 나눈다. 알라나(Alana)가 자신의 반에 들어온 지 몇 주 뒤에, 영스턴 씨는 많은 부분에서 어려움을 겪는 알라나의 발달에 대해서 걱정이 되었다. 그녀의 걱정에 대해 논의하기 위해 영스턴 씨는 알라나의 부모를 만나게 되고, 그들은 모두 영스턴 씨가 교사로서 느끼는 염려를 학교의 중재팀과 공유하여 알라나를 돕기 위해 교실에 적응할 수 있도록 하는 것에 관련된 의견을 얻어내야 한다는 점에 동의하게 된다. 중재팀과의 모임을 준비하기 위해, 영스턴 씨는 학교에서의 알라나의 현재 수행능력에 대한 정보를 모으고 이러한 자료를 알라나의 부모가 알려준 정보와 합한다. 그녀는 알라나가 과제에 집중하는 데 있어서, 다른 유아들처럼 빨리 새로운 개념을 배우는 데, 정확하게 단어를 말하는 데, 그리고 다른 사람들과 효과적으로 의사소통 하기 위해 단어를 사용하는 데 어려움을 겪는다고 알린다. 팀 회의에서, 영스턴 씨는 이에 대한 가능한 해결책을 구하기 위하여 브레인스토밍 하는 팀 구성원들과 정보를 공유한다. 그들은 각자의 우려를 다루는 데 도움이 되는 중재에 동의한다. 팀은 각 중재를 위한 계획을 개발하고 영스턴 씨는 무엇을 해야 할지에 대해서 신중하게 메모를 한다.

영스턴 씨는 여러 주 동안 팀이 제공한 제안을 실행하려고 무척 열심히 일했고, 그녀의 노력이 알라나의 성장을 향상시킬 것이라는점을 굳게 믿었다. 하지만, 팀이 각각의 중재를 설명하기 위해 완성한 문서 양식을 검토했을 때, 그녀는 스스로에게 "내가 중재팀 회의에서 계획했던 방식으로 중재를 행하고 있는가? 이러한 중재가 잘 이루어지고 있는지에 대해서 나 스스로 어떻게 알 수 있을까?"라고 묻게 된다.

만약에 당신이 영스턴 씨이거나 중재팀의 구성원이라면, 이러한 질문에 대답할 수 있겠는가? 중재 충실도를 모니터링 하는 것은 이러한 질문에 대한 답을 찾는 데 도움이 될 수 있다.

중재 충실도란 무엇인가

중재 충실도는 하나의 중재가 본래 고안된 그대로 수행되는 정도인데(Gresham, 1998), 언제 중재의 효율성을 결정지을지를 고려하여야 한다. 유아의 수행능력에서의 변화와 실시된 중재 간의 관계는 중재가 계획된 대로 수행되었는지 아닌지를 알지 않고서는 확립될 수 없다. 중재 충실도는 또한 치료의 성실도, 치료 충실도, 또는 절차상의 성실도로 알려져 있다. 그 용어들은 종종 상호 교환적으로 사용되지만, 절차상의 신뢰도는 실질적으로 더 광범위한 개념이고, 중재 실행(지속적인 변수뿐만 아니라 변화하거나 조작될 수 있는 변수들을 포함해서; Billingsley, White, & Munson, 1980)의 성과에 영향을 미칠 수 있는 관련 변수를 고찰하는 것을 지칭한다.

중재 충실도를 측정하고 유지해 나가는 일은 그 자체로 성공적인 성과를 보장하지는 않는다. 하지만, 충실도를 측정하고 유지하는 것은 중재의 성공 가능성을 증대시키기 위해 필요한 변화를 만드는 데 사용될 정보를 확실하게 제공해 준다. 그러나 중재가 계획된 대로 실행되지 않을 때, 그리고 유아의 변화가 바라는 수준대로 되지 않았을 때, 중재자들은 이 중재가 유아를 위해서나 그 문제를 위해서 잘 맞아떨어졌는지, 또는 성공을 위해 필요한 중재의 일부가 단순하게 실행되지 않았는지를 결정하는 데 필요한 정보가 부족하게 된다. 따라서 중재 충실도를 모니터링 하는 것은 빠져있는 정보의 일부를 제공해주어 언제 중재의 변화가 필요한지를 결정짓도록 하는 것이다.

충실하게 실행된 중재는 더 효율적이라고 입증되었다(Greshan, Gansle, Noell, Cohen, & Rosenblum, 1993; Noell, Gresham, & Gansle, 2002; Peterson & McConnell, 1996). 이것이 놀라운 일이 아니고, 몇 가지 중요한 이슈가 고려되어야 한다. 중재 충실도가 모니터링 될 때, 유아들의 진전도는 더욱 가까이서 모니터링 되고, 중재의 변화가 적절히 이루어져서 증대된 능률성과 효율성을 가져오는 시의적절한 방식으로 이루어 질 수 있다. 중재 충실도가 모니터링 될 때, 교사에게 주어지는 피드백이 중재의 충실도를 유지하는 데 도움이 된다(Noell, Witt, Giberson, Ranier, & Freeland, 1997).

가끔, 교사들은 유아의 능력 수준이나 행동을 다르게 하는 것이 무엇인가에 대해서 신경을 쓰지 않으며, 단지 바라던 변화가 일어났다(다시 말해서, 목표가 충족되었다)고 보고할 것이다. 하지만, 대부분의 교사는 효율적으로 하는 것과 그들의 시간과 자원들을 가능한 가장 효율적인 방식으로 사용하는 데 대해서 신경을 많이 쓴다. 어떤 중재가 기준을 만족시키는지를 결정하려면 실시한 중재를 고찰하는 것이 필요하다. 이것은 계획된 대로 중재가 실시되었는지를 검토하는 것을 포함하고, 어떤 변화가 이루어졌고 왜 그러한지를 살펴보게 된다. 만약 유아가 계획된 대로 발전하지 못한다면, 계획들이 제대로 이루어졌는지 실시한 중재들을 확인하여야 한다. 만약 본래의 계획이 다시 시행될 수도 있고, 그리고 만약에 수용될만한 진보가 이루어진다면, 변화는 중재의 영향으로 돌려질 수 있다. 만약에 수용할만한 진보발달이 여전히 이루어지지 않는다면, 중재 계획팀은 새로운 중재가 필요할 수 있다고 결정할 수도 있다.

처음에 언급했던 이야기로 돌아가 보면, 우리는 알라나를 위한 중재팀의 어느 누구도 어떻게 영스턴 씨가 계획된 중재를 실행하는지에 대해서 정보를 수집하지 않았다는 것을 알게 된다. 따라서, 만약에 알라나의 행동이 정말로 바뀐다면, 그들은 여전히 어떻게 그 변

화가 영스턴 씨의 노력과 연계되었는지에 대해서 확신하지 못할 것이다. 그 팀은 모든 구성 요소가 포함되었을 때 중재의 효과성을 보여 주는 연구에 의해 확인된 몇 가지 중재 전략을 추천했다. 하지만 중재의 모든 요소가 명확하게 전달되지 못했다면 영스턴 씨는 자신도 모르게 추천된 중재전략을 바꾸어 실시할 수 있고, 이는 중재의 전반적인 효율성을 감소시킬 수도 있고, 알라나가 자신의 목적에 도달하기 위해 필요로 하는 시간을 늘림으로써 그 효율성을 감소시킬 수 있다.

중재 충실도를 모니터링 하는 장점은 무엇인가

중재 충실도를 모니터링 하는 첫 번째 장점은 이러한 노력은 명확히 개발된 계획이 필요하다는 것이고, 따라서 팀의 모두가 중재에서 무엇이 포함되어야 하는지, 그리고 누가 각각의 구성요소를 수행하게 될 것인지에 대한 구체적인 사항에 대해서 동의하도록 한다는 것이다. 이러한 것은 팀이 중재를 효과적으로 수행하기 위해서 어느 교사가 어떠한 연수를 받아야 하는지 알도록 한다. 중재 충실도를 모니터링 하는 또 다른 혜택은 중요한 중재의 효율성을 향상시키는 것이다. 그 팀은 중재가 면밀하게 모니터링 되면서 실행되는지, 그리고 동시에 유아가 목표를 향해서 진보하는지를 알 것이다. 그 결과, 팀은 더욱 시의적절하고 효율적인 결정을 내릴 수 있게 된다. 관련되는 혜택은 중재가 수행 충실도를 살펴보기 위해 모니터링 될 때 이러한 관심은 수행에 있어서 빈도와 주기를 증대시킬 것이다. 빈도와 주기 둘 다 효율성에서 중요하다. 대부분의 경우 중재는 좋은 의도를 가지고 시작되지만, 만약에 수행과정이 모니터링 되지 않는다면 해당 유아의 기술이나 행동에 충분히 영향을 미칠 만큼의 빈도로 중재 실행을 계속하지 않을 수도 있다.

중재 충실도를 모니터링 하는 또 다른 장점은 팀이 전 실행 과정에 있어서 교사와 적극적으로 작업을 계속하기가 쉽다는 것이다. 팀원들은 중재를 실행하는 동안에, 유아의 진보발달을 모니터링 하고, 교사에게 피드백과 지원을 더 잘 할 수 있다. 연구에 의하면, 교사들이나 중재자들이 작업하는 방식에 대해서 적절한 훈련과 피드백을 받게 될 때, 그들이 높은 수준의 중재 충실도를 유지할 수 있다 (Noell et al., 1999-: Sterling-Turner, Watson, Wildmon, Watkins, & Little, 2001). 하지만, 대부분의 중재 계획팀이 중재자들에게 일상적으로 피드백이나 지속적인 도움을 제공하지 않기 때문에 중재자들은 그들 스스로 피드백을 받는 과정을 시작할 필요가 있을지도 모른다. 이것은 앞에서 영스턴 씨에게도 적용되는 것이었다(그녀는 계획된 중재를 사용하는 데 훈련을 받지 못했고, 또한 그녀가 중재를 정확하게 수행하고 있었는지, 또는 그녀의 노력이 효율적이었는지를 알 수 있도록 돕는 중재팀으로부터 정기적 지원이나 피드백을 받지 못했다). 만일에 중재팀의 한 구성원이 그녀가 중재 충실도와 효율성을 모니터링 하는 작업을 함께 했다면, 그녀는 자신의 질문에 더 일찍 답을 찾았을 것이고, 필요한 변화에 대해서 그녀 스스로 결단을 내리도록 돕는 사람도 있었을 것이다.

중재충실도 평가와 진보 모니터링을 통한 영유아의 성과 향상 | **165**

중재 충실도를 어떻게 모니터링 할 것인가?

문제-해결 과정

중재 충실도를 모니터링 하는 것은 중재 계획의 아주 초기에 시작한다. 구조화된 문제-해결의 과정은 Deno(1995)가 제안한 경우처럼 팀이 중재 계획을 조직하도록 도울 것이다. 일반적인 문제-해결 과정은 표적 행동이나 기술을 정의하는 것, 기술을 가르치기 위해 가능한 중재를 브레인스토밍 하는 것, 선택된 중재를 수행하는 것 그리고 그것의 효율성을 평가하는 것을 포함한다. 팀은 수용 가능한 중재를 개발하는 데 필요로 하는 것만큼 여러 번 이 과정을 통해 순환한다. 이 단계는 중재를 통한 발달을 위하여 문제-해결 접근을 사용하는 것과 중재 충실도를 모니터링 하는 것을 포함하는데, 〈표 1〉에서 설명하고 있다.

팀은 변화를 목표로 하는 유아의 행동을 정의 내리면서 과정을 시작한다. 목표 행동이나 기술은 학업면과 사회 발달에 있어 중요한 기술로써, 팀이 중점을 두기 위해 발달이나 유아의 지속적인 진보에 중심축이 되는 중요한 행동(Keystone behavior)으로 고려되는 것들이다(Barnett, Bauer, Ehrhardt, Lentz, & Stollar, 1996). 변화를 목표로 하는 행동은 발달적·학업적 기술일 수도 있고 사회적인 행동일 수도 있다. 먼저, 행동은 명확하고 객관적으로 정의되기 때문에 모두가 행동을 이해할 수 있다. 그리고 나서, 어떻게 유아가 현재 수행을 하고 있는지(기초선 자료) 정보가 수집된다. 이러한 자료는 구조화 또는 비구조화된 관찰을 사용해서, 영구적인 결과물을 모아서, 또는 관련된 행위를 녹화하는 방법으로 수집될 수 있다(Barnett, Bell, & Carey, 1999). 알라나의 경우, 팀의 모든 자료의 종류의 예시는 얼마나 오랫동안 그녀가 다른 종류의 과제에 관심을 지속할 수 있는지, 그녀가 의사소통에 사용하는 단어의 수, 그리고 얼마나 자주 유아들이나 성인들이 그녀의 말을 이해하는지를 포함한다.

〈표 1〉 중재 충실도를 유지하고 모니터링 하는 단계들

1. 중재팀은 현재의 기술 수준과 바라는 수행능력의 수준에 대하여 기초선 자료에 근거해서 유아의 변화를 위한 목표를 명시한다.

2. 팀은 목표를 다룰 중재에 동의한다. 중재는 증명된 효율성을 지닌 것이어야 한다.

3. 팀은 중재 절차적인 구성요소(과제 분석을 거쳐, 만약 그러면 결정 규칙, 대본 등)를 명확하게 정의내리고, 누가 언제 각각의 구성요소를 수행할 것인지를 명시한다.

4. 팀은 어떻게 중재의 효율성을 측정하는지와 유아의 진보발달을 모니터링 하는지를 결정짓는다.

5. 팀은 중재의 충실도를 어떻게 유지하고 모니터링 할지를 결정한다.
   a. 누가 중재를 모니터링 할지를 결정한다
   b. 어떻게 그리고 얼마나 자주 중재의 충실도가 모니터링 될 지와 효율성과 변화 필요성이 평가될지를 결정한다
   c. 교사/중재자에게 제공된 도움의 수준과 종류를 결정한다

6. 팀은 의사-결정 과정을 확립한다.
   a. 중재 실행과 모니터링을 위해 제공되는 지원에서 팀과 개별 구성원의 역할
   b. 효율성을 평가하기 위한 앞으로의 회의 횟수

7. 교사 모니터링에 도움을 제공하고, 중재 충실도를 보장하기 위해 할당된 교사와 중재팀 구성원

목표로 삼은 행동을 설명한 후에, 팀은 유아의 변화를 위한 구체적인 목표를 규정하고 중재 전략을 선택한다. 팀이 효율적이라고 제시된 중재 전략을 고르는 것은 중요하다(Telzrow & Beebe, 2002). 팀이 가능한 중재에 대해서 브레인스토밍 할 때, 중재에 대한 설명은 포괄적 용어로 말할 수 있지만 일단 중재가 선택되면, 그 중재가 매우 세심하게 계획되는 것이 중요하다. 각각의 구성요소는 명확하게 정의되어서 교사들은 무엇을 해야 할지, 유아가 무엇을 하게 될지 그리고 적용될 수 있는 규칙에 대해서 정확하게 알게 된다.

중재의 구성요소는 세 가지 방식으로 결정될 수 있다. 첫 번째 방식은 과제 분석을 사용하기다(복잡한 기술이나 작업을 더 작은 규모의 가르칠 수 있는 기술로 세분화시키는 것). 한 예시는 유아가 손 씻기에서 정확하게 해야 하는 각 단계를 식별하는 것이 될 것이다(Sulzer-Azaroff & Mayer, 1991). 두 번째 방식은 교사와 유아의 행동을 위한 만일의 사태를 설명하는 것과 같은 만약, 그러면(if-then) 결정 규칙을 사용하는 것이다. 예를 들어, 만약 유아가 청소를 하라는 지시사항을 따른다면, 그는 가장 좋아하는 트럭 장난감을 가지고 놀 수 있는 10분의 시간을 벌게 된다. 그리고 교사는 유아를 칭찬하고 그에게 몇 분의 시간을 얻었는지를 말해 준다. 하지만 만약에 유아가 청소 지시를 따르지 않는다면, 그는 트럭을 가지고 놀 수 있는 시간을 얻을 기회를 잃게 되고 교사는 그에게 다음날 트럭 장난감을 가지고 놀 시간을 얻을 기회가 있을 것이라고 상기시킨다(Sulzer-Azaroff & Mayer, 1991).

중재의 구성요소를 결정짓는 최종적인 방식은 대본을 사용하는 것이다. 대본은 유아가 할 말을 촉진하거나 유아의 행동에 반응하는

구체적인 행동 지침이며, 교사들이 사용하게 될 실질적 말로써 교사의 구어적 반응을 나타내는 것이다(Barnerr, Bell, & Carey, 1999). 대본의 예시는 한 교사가 학생인, 갈렙(Caleb)에게 센터에서 보내게 될 시간 동안에 센터에서 선택할 수 있는 활동에 대한 사진을 보여주고 "갈렙, 물 테이블과 미술 테이블 중 어느 쪽에서 먼저 작업할래?"라고 말하면서 어디에서 작업을 할지에 대한 선택을 학생에서 제시한다. 만약에 갈렙이 선택을 하면, 교사는 예를 들어, "너는 물 테이블에서 놀기로 했으니, 넌 지금 거기로 가면 된다"고 말한다. 만약에 그가 선택을 하지 않으면, 교사는 "갈렙, 물 테이블과 미술 테이블 중에서 선택하려무나."라고 말한다. 대본은 일상적 또는 계획된 상호작용을 통해 체계적인 중재를 하는 효율적인 방식이다(Ehrhardt, Barnett, Lentz, Stollar, & Reifin, 1996),

영스턴 씨는 종종 그녀가 생각하기에 알라나가 얼마나 그 전날에 잘 했는지를 근거로 한 중재가 그녀가 수행하는 방식을 종종 바꾸고 있다는 사실을 깨닫게 된다. 회의에서 중재 충실도를 모니터링 함으로써 중재를 향상시키는 법에 대해서 배운 뒤에, 중재 계획과 성과 목적을 명확히 하기 위해, 그리고 더 체계적인 진보발달 모니터링 계획을 개발하기 위해 평가팀으로 되돌아간다. 영스턴 씨와 중재팀은 그들이 개발한 중재를 검토하고, 목표 행동이나 기술을 구체적으로 정의하고, 한 가지 표적 행동에 대한 교수전략을 시작하기로 결정내리고, 그리고 나서 그 다음 표적 행동은 어느 것으로 할지 결정한다. 그들은 중재를 위한 첫 번째 표적 행동으로서 효율적으로 의사소통하기 위해 사용하는 단어를 선택한다. 얼마나 종종 알라나가 단어를 사용해서 의사소통을 하는지에 대한 기초선 자료를 추가적으로 모은 뒤에, 팀은 가능한 중재 전략에 대해서 브레인스토밍 한다. 이 영역에 경험이 있는 팀 구성원인, 모울러 씨(Mr. Moeller)는 효율적인 전략에 대한 연구 논문을 언급한다. 팀은 의사소통 영역에서 알라나를 위해 구체적인 목표를 발견한다. 그것이 바로 "의사소통 시 요구를 받을 때, 그리고 두 번 이하의 촉진(prompt)을 받으면, 알라나는 최소한 세 단어의 문장으로 된 말로 대답할 것이다."는 것이다. 팀은 실증적으로 입증된 중재 전략에 그 중재 단계에 근거해서, 구체적인 중재 단계의 윤곽을 보여 준다. 알라나의 의사소통 목표에 대해서는, 시간 지연 및 요구모델(Mand-model)의 조합체를 사용하기로 한다 (Barnett, Bell, & Carey, 1999; Wolert, 2001). 팀이 먼저 특정한 중재 단계와 의사-결정 규칙을 먼저 개요로 나타내는 것이 바로 이

지점에서다(〈표 2〉 참조). 팀은 새롭게 시작하는 자료를 선택하고 영스턴 씨가 이 새로운 전략을 실행할 때 모울러 씨가 영스턴 씨에게 연수와 도움을 제공하도록 결정한다.

이 구체성의 수준은 처음에는 몇몇 교사들에게는 편안하지 못할 수도 있다. 특히 아동 중심(Child-directed) 접근에 익숙한 전형적인 어린이집 상황이나 유치원 교실에서 일하는 사람들에게는 그러하다. 하지만, 개별 중재를 위한 기법이 일반적인 교실활동과 일상생활에 어떻게 삽입될 수 있는지를 배운 이후에 그 접근에 대해서 교사들은 더 편안하게 느끼게 되고, 또한 통합상황에서 성공하기 위해서 많은 지원과 구조화를 필요로 하는 유아들에게서 결과가 향상되었다는 것을 보게 된다. 문제 해결 과정 동안에 중재를 선택하는 중요한 구성요소는 교사의 선호도다. 만약 교사가 그것을 받아들인다면 중재는 본래 계획된 대로 수행될 가능성을 더 많이 가지게 된다(Miltenbergerm 1990; Reimers, Wacker, & Koeppl, 1987). 많은 사람들이 생각하기를, 교사들은 본래 그들이 생각하기에 효과가 없을 것이라든가 또는 교실에는 맞지 않다거나, 완전히 이해가 안 된다고 생각하는 중재를 반대하기 마련이라고 추정하는 것처럼, 이 단계는 종종 간과된다. 하지만, 이것이 항상 옳은 것은 아니다. 유아의 진보 발달과 관련해서 교사는 기꺼이 상황에 "적합한" 중재를 하지 않을 지도 모르고, 혹은 그 교사는 중재 전략을 제안하는 집단에 동의하지 않는다는 사실에 불편함을 느낄 수도 있다. 예를 들어 실제적인 강화인자로써 음식을 주는 교사가 있을 수 있고, 그 교사는 이것이

〈표 2〉 알라나의 의사소통 목표를 위한 중재 충실도 체크리스트

알라나의 의사소통 중재를 위한 충실도 체크리스트
알라나의 의사소통 목표: 의사소통시 요구를 받을 때, 그리고 두 번 이하의 촉구를 받을 때, 알라나는 최소한 세 단어로 이루어진 문장으로 대답할 것이다.

	알라나와 작업하기 이전에: 언제 시간 지연을 수행할지를(활동과 당일 날의 특정 시간) 그리고 얼마나 오래 그 지연이 이루어질지를(몇 초일지)결정해라.
1.	알라나에게 의사소통 요청(예를 들어, "알라나, 너 물 테이블에서 놀래? 아니면 블록 있는 데서 놀래?") 만약 알라나가 의사소통을 시도하면, 잠시 멈추고 알라나의 의사소통 시도에 적절하게 반응하라.
2.	지연 시간 동안 기다려라.
3.	만약 필요하다면 추가로 촉구(prompt)나 요구(mand)를 해라(예를 들어, "알라나 다음에 네가 어디에서 놀고 싶은지 말하기 위해서 단어를 사용하렴.")
4.	지연 시간 동안 기다려라.
5.	만약에 알라나가 적절하게 의사소통을 하면 구어적 의사소통의 사용을 칭찬해라.
6.	만약에 알라나가 적절하게 의사소통을 하지 못하면, 모델을 제공해라(예를 들어, "알라나, 블록을 가지고 놀고 싶다고 말해.").
7.	만약에 알라나가 적절하게 의사소통을 하면 말로 의사소통하는 것을 칭찬해라.
8.	유아의 진보발달 모니터링 하기: 일주일에 세 번, 알라나가 의사소통 하는 데 필요로 하는 촉구(prompt)의 수와 알라나가 의사소통을 하는 데 사용하는 문장의 길이를 모니터링해라.

나머지 학생들을 방해하고 대상이 된 학생들이 이를 수용하는 것을 감소시킬 수 있다고 생각할 수 있다. 하지만, 교사가 이것을 최고의 전략이라고 여긴다면 그 팀의 제안에 동의하게 된다. 만약 팀이 교사에게 이러한 중재의 수용에 대해 질문을 하지 않는다면, 그들은 이러한 관심사에 대해서 알지 못할 것이다.

중재의 수용에 기여하는 중요한 요소는 실천의 용이함, 긍정적인 행동이나 학업적 기술에서 목표로 하는 발달 그리고 중재를 교실 상황과 어울리도록 하는 것들이다(Reimers 외, 1987; Schneider, Kerridge, & Katz, 1992; Telzrow & Beebe, 2002). 제안된 계획의 단계들을 구체화하고, 교사가 그 중재가 받아들일만하다는 사실을 알고 이해하는지를 확인하는 데 소요되는 몇 분의 시간은 중재의 실행과 잠재적인 성공을 확실히 하는 데 도움이 될 것이다.

중재 충실도 측정하기

일단 중재 계획이 개발되고, 각 팀 구성원이 할 역할의 윤곽이 드러나게 되면, 중재 충실도를 평가하기 위한 시스템이 만들어진다. 이 중재가 계획된 대로 실행될 것이라는 것을 확실히 하기 위해 중재가 유아에게 시도되기 이전에 수행된다. 이에 덧붙여, 이 단계는 모두가 정확하게 포함된 것이 무엇인지를 이해하는 최종적인 확인으로서 기능할 수 있다. 직접적이고 실용적인 중재 충실도를 측정하는 방법은 만일의 사태 '만약, 그러면(if-then)' 규칙에서의 단계를 포함해서, '대본(script)이나 구성요소의 단계에 대한 목록'을 만드는 것이다. 결과상의 체크리스트는 유아의 요구와 중재의 복잡성에 따라 아주 단순하거나 아주 복잡할 수가 있다.

중재의 체크리스트를 개발하는 것은 쉬워 보일 수 있지만, 많은 중재팀들은 이 단계를 그들의 문제-해결의 과정에 포함하지 않는다. 그러나 각각의 요소를 분명하게 설명하는 실제가 필요하다. 심지어 그러한 중재에 익숙하지 않은 사람도 그 기법을 이해할 수 있도록 각각의 구성요소는 관찰할 수 있는 용어로 정의되고 설명되어야 한다. 행동수정 행동을 포함하거나, 아동의 특정한 반응의 종류에 대해서도 설명되어야 하고, 어떻게 다양한 시나리오를 다룰지에 대한 의견을 개발하는 것이 도움이 된다.

중재 충실도를 평가하기 위해서, 수용 가능한 수준의 기준이 확립된다. 이것은 각 중재에 따라 다르며, 구성 요소적인 단계에 달려있다. 충실도를 평가하는 한 가지 방법은 중재 계획에 목록으로 나와 있는 단계와 비교해서 정확하게 실행된 단계의 백분율을 계산하는 것이다. 또 다른 방식은 팀이 중재 실행에서 매우 중요한 몇 가지 단계를 보여 주고 그 단계들을 사용하는지 여부를 측정하는 것이다.

실행을 평가하는 세 번째 방식은 전반적인 계획이 정확하게 최소한 어느 시기에 어느 정도의 백분율로 실행했는지를(예를 들어, 사용된 시기의 정확하게 80%의 계획을 실행했는가) 결정하는 것이다. 계속 유지된 중재에 대한 충실도의 최소 수준을 위한 전 세계적인 표준은 없다. 이것은 종종 중재의 실행과 유아의 진보에 관련된 모든 자료를 고찰해서 결정되어져야 한다. 너무나 적은 수의 연구 결과는 어떤 수준의 중재 충실도를 보고하며, 심지어 더 적은 연구가 다양한 수준의 충실도에 대한 차별적인 효율성을 알려준다(Noell 외, 2002).

체크리스트가 개발되고 교사들이 중재를 실시한 이후에, 다른 중재팀들이 중재 실행뿐 아니라 중재의 효율성을 평가하는 것에 대해서 피드백과 지침을 전해 주는 교사들과 작업을 계속한다. 교사는 중재를 실행하는 동안에 셀프 모니터링 도구로써 체크리스트를 사용한다. 만약 교사가 체크리스트가 어떻게 중재가 실행되는지에 대해서 정확하게 반영을 하지 못한다는 사실을 알게 되면, 그 교사는 계획을 수정하기 위해 팀에게로 가야 한다. 중재팀의 다른 구성원들은 교사들을 관찰함으로써 중재 충실도를 모니터하기 위한 똑같은 체크리스트를 사용할 수 있다. 전형적으로 중재자들은 중재 수행을 정확하게 모니터링 한다는 사실이 발견되지만(Luze, 1997), 그들은 종종 체크리스트를 개발하고 충실도를 유지하기 위한 실행상의 문제를 해결하는 데 도움을 필요로 한다. 중재팀은 도움과 피드백을 전해 줌으로써 교사들을 계속 돕는다. 이러한 도움에 대한 확실한 일정은 계획이 고안될 때 확립되어야 하고, 앞으로 있을 팀 회의가 필요한 만큼 일정이 잡혀져야 한다.

유아의 진보 모니터링하기

중재의 효율성을 결정짓는 또 다른 중요한 도구는 유아의 진보발달이 목표로 삼은 기술로 향하는지에 대해 자주 모니터링 하는 것이다. 대부분의 교사가 교육적 환경에서 사용되었던 수많은 양식의 평가에는 익숙한 반면에, 유아의 성과와 관련된 진보발달 모니터링의 사용에는 익숙하지 않을 수 있다. 유아의 수행능력 자료가 자주 수집되고 분석될 때, 만약에 그 유아가 목표를 향해 적절하게 진보발달하지 않는다면, 중재의 변화는 시의적절한 방식으로 이루어질 수가 있다(Deno, 1997; Lentz, Allen, & Ehrhardt, 1996). 중재의 효율성을 향상시키기 위해서는, 중재자들이 빈번하게 의사 결정을 하기 위해 이러한 자료들을 수집하고, 분석하고 사용한다. 해당 교사가 어떻게 중재가 수행되었는지에 대해서 단순히 추측하지 않도록 하기 위해서, 자료는 중재가 수행되는 동안이나 수행이 완료된 직후에 수집되어야 한다(자료를 실행하는 동안에 모으는 것이 가장 좋기는 하지만, 그것이 항상 가능하지는 않기에). 핵심은 단순히 자료를 모으는 것이 아니라, 중재의 효율성에 대해서 결정을 내리기 위해 자료를 사용하고 분석하는 것이다.

영스턴 씨는 그녀가 진정으로 계획을 따르고 있는지와 전날의 경험의 결과로 (방법을) 바꾸는 것은 아닌지를 알기 위해서 중재 충실도 체크리스트를 일주일에 세 번 사용하기로 한다. 그녀는 이러한 중재가 학교 수업에서 여러 번 수행될 수 있다는 것을 안다. 그래서 그녀는 오전에 그룹시간, 센터 선택 시간, 그리고 간식시간이나 점심시간에 집중하기로 결정한다. 처음에는, 영스턴 씨는 모든 중재 단계가 목록으로 나와 있는 클립보드를 가지고 다녀서, 그녀는 지침으로 그것을 참조할 수도 있을 뿐만 아니라 실행 충실도에 대한 자료를 보관할 수도 있다. 그녀가 알라나와 상호작용을 할 때 혹은 상호작용 종료 직후 영스턴 씨는 그녀가 수행했던 단계를 확인한다. 그리고 나서 그녀는 즉각적으로 얼마나 훌륭하게 중재를 실행하는지를 검토할 수 있다. 그녀는 자신이 얼마나 중재의 각 단계를 잘 실천하고 있는지, 수행하고 있는지, 그리고 알라나가 얼마나 잘 진보발달하고 있는지에 대한 도움과 피드백을 위해서 모울러 씨를 주마다 만난다. 모울러 씨는 영스턴 씨가 하는 중재 수행을 모니터링하고, 계획된 대로 중재를 수행하는 데 그녀가 필요로 하는 도움에 대해서 이야기하거나, 어떤 필요한 변화를 계획하는 것을 돕기 위해 똑같은 체크리스트를 사용한다. 영스턴 씨는 얼마나 정확하게 그녀가 중재를 수행하는지에 대한 더 많은 정보와, 어떤 결정을 내릴 때 더 많은 도움을 얻게 되어 기쁘다.

모울러 씨는 수업 시간 동안에는 영스턴 씨를 관찰할 수 없다. 그래서 충실도 모니터링 시기에 그녀의 수업을 비디오테이프로 녹화한다. 그리고 모울러 씨가 나중에 그 녹화내용을 볼 때 영스턴 씨가 스스로 얼마나 충실도를 유지하는지를 결정하기 위해 영스턴 씨와 똑같은 체크리스트를 사용한다. 처음에는, 영스턴 씨는 100% 충실도를 유지했지만, 몇 주 뒤에는 70%에서 80% 사이에까지 수치가 떨어졌고, 그녀가 시간 중에 오로지 70%에서 80%까지만 정확하게 중재를 수행하고 있다는 사실을 보여 주었다. 둘 다 완성된 중재 충실도 체크리스트를 논의한 뒤에, 각각 기록된 다른 메모와 더불어, 교사들은 알라나가 대답할 때까지 영스턴 씨가 충분히 기다리지 않았고 의사소통을 위해 너무 많은 촉진을 사용한다고(모델을 제공하지 않고서) 결론짓는다. 교사들은 모두 영스턴 씨가 기다리는 시간을 늘리고 모델을 보여 줄 수 있도록 몇 가지 개인적인 촉구나 상기시키는 말을 결정한다. 모울러 씨와 영스턴 씨는 지속적으로 만나고, 시간이 지나면서 점차 빈도를 줄이고 중재 충실도 뿐만 아니라 알라나의 진보발달에 대해서도 의견을 나눈다. 전체 팀은 여러 달 후에 만나서 영스턴 씨가 중재를 계획대로 수행했는지, 중재가 효율적인지에 대해서 결정지을 수가 있다. 알라나는 이제 교사들과 또래들과 독립적으로 의사소통을 한다. 이 중재와 영스틴 씨와 모울러 씨가 행한 모니터링의 결과는 팀에게 다른 유아들을 위한 이런 종류의 중재를 앞으로 계획하는 데 사용할 수 있는 가치 있는 정보를 제공해 준다.

내가 어떻게 이러한 일이 일어나도록 할 수 있는가

현재, 당신은 중재 충실도에 대한 모니터링 없이 중재 계획을 수행할지도 모르고, 어떻게 당신이 이 과정을 시작하게 할 수 있을지에 대해서 의아해할 수도 있다. 먼저, 이 새로운 단계를 시작한다면, 중재 계획팀으로부터 도움을 획득해야 한다. 그 이후 중재 계획팀 구성원들은 중재를 실행하는 각각의 교사에게 할당되어야 한다. 이 구성원의 역할은 중재 충실도 모니터링뿐만 아니라 피드백과 도움을 제공하는 것이다. 이 구성원은 각 교사 또는 중재에 따라 다를 수 있다. 그 과정은 처음에는 어색하게 느껴질 수도 있지만 연습을 통해 더 원활하게 진행될 것이다. 이 과정은 많은 작업인 것처럼 들릴 수도 있다. 처음에는 이런 시간이 유아들과 함께 작업하면서 더 시간이 잘 흘러간다고 보일 수도 있다. 하지만, 좋은 생각처럼 보이지만 바라는 방식으로 유아들의 기술을 변화시키지 못하는 중재를 실행하는 것보다는, 유아들과 상호작용을 하면서 소비되는 시간이 최고로 효율적일 수 있다는 것을 보증하는 것이 가장 좋다. 중재 충실도를 모니터링 하는 것은 당신의 노력이 능률적이면서도 효율적인 지를 보증하는 데 사용될 수도 있는 하나의 도구다.

학년 말에, 영스턴 씨와 다른 중재팀 구성원들이 알라나의 부모와 자료를 모니터링 하고, 유치원 교사에게 받은 진보 자료와 충실도 체크리스트에서 나온 정보를 공유한다. 그들은 앞으로 다가올 학년을 위해 계획을 세울 때 그 정보가 도움이 된다는 것을 안다. 영스턴 씨의 학교에서 중재팀은 교사들이 중재 계획을 세울 때, 그들의 팀이 얼마나 효율적이었는지를 궁금해한다. 그 팀이 영스턴 씨가 중재 충실도 체크리스트를 사용하도록 돕는 데 성공한 이후에, 그들은 행정 전문가들과 만나서 효율적인 문제-해결팀을 운영하는 것과 중재 충실도 체크리스트를 그들의 일상적인 실제에 사용할 수 있는 추가적인 훈련을 요청하였다. 그들은 이 과정을 미래에 그들이 하게 될 모든 중재 계획을 세우는 데 사용할 것이라는 계획까지 세운다.

주 💡

You can reach Gayle J. Luze by e-mail at gluze@iastate.edu

참고문헌 💡

Barnett, D. W., Bauer, A. M., Ehrhardt, K. E., Lentz, F. E., & Stollar, S. A. (1996). Keystone targets for change: Planning for widespread positive consequences. *School Psychology Quarterly, 11*,95-117.

Barnett, D. W., Bell, S. H., & Carey, K.T. (1999). *Designing preschool interventions: A practitioner's guide.* New York: Guilford.

Billingsley, F., White, O. R., & Munson, R. (1980). Procedural reliability: A rationale and an example. *Behavioral Assessment, 2,* 229-241.

Deno, S. L. (1995). School psychologist as problem solver. In A. Thomas & J. Grimes (Eds.), *Best practices in school psychology III* (pp. 471-484). Bethesda, MD: National Association of School Psychologists (NASP).

Deno, S. L. (1997). Whether thou goest······ Perspectives on progress monitoring. In J.W. Lloyd, E. J. Kameenui, & D. Chard (Eds.), *Issues in educating students with disabilities* (pp. 77-99). Mahwah, NJ: Lawrence Erlbaum.

Ehrhardt, K. E., Barnett, D. W., Lentz, Jr., F. E., Stollar, S. A., & Reifin, L. H. (1996). Innovative methodology in ecological consultation: Use of scripts to promote treatment acceptability and integrity. *School Psychology Quarterly, 11,* 149-168.

Gresham, F. M. (1989). Assessment of treatment integrity in school consultation and prereferral intervention. *School Psychology Review, 18,* 37-50.

Gresham, F. M., Gansle, K. A., Noell, G. H., Cohen,S., & Rosenblum, S. (1993). Treatment integrity of school-based behavioral intervention studies: 1980-1990. *School Psychology Review, 22,* 254-272.

Lentz, Jr., F. E., Allen, S. J., & Ehrhardt, K. E. (1996). The conceptual elements of strong interventions in school settings. *School Psychology Quarterly, 11,* 118-136.

Luze, G. J.(1997). *The relationship of intervention acceptability and integrity in general classroom interventions.* Unpublished doctoral dissertation, Iowa State University, Ames.

Miltenberger, R. G. (1990). Assessment of treatment acceptability: A review of the literature. *Topics in Early Childhood Special Education, 10,* 24-38.

Noell, G. H., Gresham, F. M., & Gansle, K. A. (2002). Does treatment integrity matter? A preliminary investigation of instructional implementation and mathematics performance. *Journal of Bebarioral Education, 11,* 51-67.

Noell, G. H., Witt, J. C., Gilbertson. D. N., Ranier, D. D., & Freeland, J. T. (1997). Increasing teacher intervention implementation in general education settings through consultation and performance feedback. *School Psychology Quarterly, 12,* 77-88.

Peterson, C. A., & McConnell, S. R. (1996). Factors related to intervention integrity and child outcome in social skills interventions. *Journal of Early Intervention, 20,* 146-164.

Reimers, T. M., Wacker, D. P., & Koeppl, G. (1987). Acceptability of behavioral interventions: A review of the literature. *School Psychology Review, 16,* 212-227.

Schneider, B. H., Kerridge, A., & Katz, J. (1992). Teacher acceptance of psychological interventions of varying theoretical orientation. *School Psychology International, 13,* 291-305.

Sterling-Turner, H. E., Watson, T. S., Wildman, M., Watkins, C., & Little, E. (2001). Investigating the relationship between training type and treatment integrity. *School Psychology Quarterly, 16,* 56-67.

Sulzer-Azaroff, B., & Mayer, G. R. (1991). *Behavior analysis for lasting change.* Fort Worth, TX: Harcourt Brace College Publishers.

Telzrow, C. F., & Beebe, J. J. (2002). Best practices in facilitating intervention adherence and integrity, In A. Thomas & J. Grimes (Eds.), *Best practices in school psychology IV* (pp. 503-516).

Bethesda, MD: National Association of School Psychologists (NASP).

Wolery, M. (2001). Embedding time delay procedures in classroom activities. In M. Ostrosky & S. Sandall (Eds.), *Young Exceptional Children Monograph Series No.3, Teachingstrategies: What to do to support young children's development* (pp. 81-90). Longmont, CO: Sopris West.

Wolery, M. (2002). Recommended practices in child-focused interventions. In S. Sandall, M. E. McLean, & B.J. Smith (Eds.), *DEC recommended practices in early intervention/early childhood special education* (pp. 29-37). Longmont, CO: Sopris West.

가족 기반의 실제 평가

양육 경험 척도

Carol M. Trivette, Ph. D., Orelena hawks puckett institute
Carl J. Dunst, Ph. D., Orelena hawks puckett institute

"나의 인생이 얼마나 복잡한지를 이해하는 누군가와 함께 일하게 되어서 좋아요.", "내 자녀에 관해서 결정할 시점을 알고 있고 우리 집 방문자들이 그 사실을 존중해요.", "이제, 나는 내 아이가 배우는 것을 돕고 싶어요.", "나는 내 아이와 함께 있는 것이 너무 좋아요." 이와 같이 부모로부터 나오는 이야기는 듣기가 참 좋다. 부모들의 유능감과 자신감은 조기중재자들이 가족 중심적인 실제를 지원하고 강화시키고 있음을 보여 준다. 비록 이와 같은 의견은 듣기에는 좋지만, 조기중재 프로그램은 그러한 감정이 프로그램을 실행하는 모든 가족에게 일어나는 일인지 아니면 오로지 소수에게 한정된 이야기인지를 파악하기 위해서 부모들의 인식을 체계적으로 평가할 필요가 있다.

이 장에서 설명되는 「양육 경험 척도(The Parenting Experiences scale, Trivette & Dunst, 2003)」는 프로그램의 행정전문가와 실행자들이 가족중심의 실제와, 부모들의 양육상 능숙도, 자신감, 즐거움을 인식하는 것에 대해 부모가 겪는 경험에 대한 인식 등을 빠르게 평가할 수 있게 해 준다. 이 척도를 설명하는 것을 넘어, 이 장에서는 왜 프로그램의 실제를 평가하는지가 중요하며, 하나의 프로그램이 어떻게 가족 관련 정보를 수집하는 데 이 척도를 사용할지에 대해서 정보를 제공해 준다. 게다가, 이 장은 프로그램의 관리자와 직원들이 프로그램의 실제를 향상시키기 위해 수집된 정보를 어떻게 사용할 수 있는지에 대해서 두 가지 사례를 제시한다.

프로그램의 평가는 우수한 유아기 프로그램에서 이루어지는 중요한 활동이다(Harbin & Salisbury, 2000). 하지만, 무엇을 평가할지와 어떻게 프로그램을 평가할지를 결정하는 것은 때로는 대답하기 어려운 질문들이다. 수년 동안 우리는 프로그램의 실행을 향상시키기 위해 사용될 수 있는 정보를 획득하는 간단한 도구를 개발함으로써, 조기중재 직원들이 이러한 종류의 질문에 대답할 수 있도록 돕는 시도를 지속해 왔다.

조기중재 프로그램이 평가하는 중요한 개념 두 가지는 가족중심의 실제와 양육상 능숙함과 자신감이다. 장애인 교육법(the Individual with Disabilities Education Act, IDEA, 1997)과 특수아동협회(the Council for Exceptional Children, CEC) 유아교육 분과(The Division for Early Childhood, DEC)의 추천실제는 조기중재의 성과가 조기중재 서비스를 제공받는 유아들의 부모들이 스스로를 자신의 유아들의 성장과 발달을 뒷받침할 수 있는 사람으로 인식해야 한다는 것을 명기한다. 특히나 유아교육 분과(The Division for Early Childhood, DEC)의 가족을 기반으로 하는 추천실제는 지속적으로 가족들에게 사용될 때, 장애를 가진 유아의 요구를 충족시키기 위한 가족들의 능력을 강화시킬 가능성이 많은 일련의 실천을 제안한다 (Trivette & Dunst, 2000).

수년 동안, 우리는 가족중심의 도움을 주는 실제의 본질적인 요소들과, 양육상의 유능감, 양육상의 자신감, 양육의 즐거움이라는 세 가지 양육의 구성요소를 측정하는 다양한 척도를 개발해왔다. 가족 중심의 도움이 되는 실제는 가족과의 관계를 구축하기 위해 그리고 부모들이 그들 유아의 발달을 뒷받침하고, 능동적인 참여자가 되도록 장려하는 데 사용된다. 양육상의 유능감(parenting competence)이란 유아를 날마다 돌보는 부모의 능력에 대한 부모 스스로의 인식을 지칭한다. 양육상의 자신감은 자신이 양육상의 역할을 수행할 수 있다고 믿는 부모의 신념을 지칭한다. 양육상의 즐거움이란 유아에 대한 애정 면에서의 친밀함을 부모 스스로 평가하는 것을 말한다. 「양육 경험 척도」는 이러한 구성체를 프로그램 평가의 목적으로 사용될 수 있는 하나의 단순한 척도로 측정하려는 것이다.

연구 결과에서 알게 된 것 구축하기

가족을 중심으로 하는, 도움이 되는 실제가 부모와 가족의 기능에 미치는 영향은 20년 동안에 우리 연구의 중심이었다(Dunst & Trivette, 1996; Trivette & Dunst, 1998). 더 최근에 있었던 우리의 작업은 양육상의 능력과 기능에 대한 가족중심의 실제에 대한 직접적 또한 간접적인 영향에 초점을 두어왔다. 두 연구를 종합해 보면 가족중심 지원 실제는 바라는 자원을 획득하는 능력과 유아와 가족을 위한 지원을 얻는 부모들의 신념과 연계되어있다는 것을 입증한다. 예를 들어, 자원과 도움을 얻는 부모의 능력에 대해서 프로그램 제공자들이 가지는 강한 신념은 양육 상의 책임을 수행하는 데 있어 부모가 느끼는 즐거움뿐만 아니라, 양육의 유능감과 자신감에 대한 부모의 긍정적인 판단과 관련된 것이었다(Dunst, 1999; Trivette & Dunst, 2000). 프로그램 제공자들이 가족중심의 지원 실제, 가령 부모들이 유아들을 위해 원했던 자원을 부모들이 얻을 수 있도록 도와주었을 때, 부모들이 향후에 자원을 얻는 능력에서 더 자신감을 보였다. 이러한 발견은 조기중재 실행자들(예를 들어, 교사, 치료사, 사례 매니저, 사회복지사)이 가족들과 상호작용을 하는 방식이 부모들이 스스로를 능률적인 부모로 간주하는지에 영향을 준다. 「양육 경험 척도」는 연구에서 중요한 실제라고 보여 주는 내용과 양육 능력에 대해 부모가 판단하는 것과 관련한 믿음을 측정하는 항목들을 포함한다.

「양육 경험 척도」

「양육 경험 척도」는 네 가지 영역에서 부모의 인식을 평가하는 한 페이지로 된 척도이고, 조기중재 프로그램에서 그들의 경험과 관련된 것 중 세 가지인데, 하나는 그들 자신의 양육 능력과 관련된 것이다.

척도는 [그림 1]에서 제시된다. 척도의 첫 번째 부분은 가족과 조기중재 제공자 사이의 연락의 양에 대한 질문이다. 두 번째 부분은 부모들이 조기중재 프로그램에서 일하는 직원들에게 어떤 대접을 지난 3개월 동안 당신 아이의 조기중재 프로그램에서 몇 번이나 중재 제공자가 직접적으로 당신 아이와 접촉했는지를 동그라미 치시오.

| 전혀 없음 | 1-2번 | 3-4번 | 5-6번 | 7-8번 | 9-10번 | 11-12번 | 12번 이상 |

지난 3개월 동안 당신의 아이의 조기중재 프로그램에서 몇 번이나 당신이 아이의 학습과 발달을 증진시키도록 중재 제공자가 직접적으로 당신과 접촉했는지를 동그라미 치시오.

| 전혀 없음 | 1-2번 | 3-4번 | 5-6번 | 7-8번 | 9-10번 | 11-12번 | 12번 이상 |

당신 아이의 조기중재 프로그램의 직원과 있었던 당신의 모든 연락에 대해서 생각해보시오. 얼마나 자주 그 중재 제공자가 다음의 방식으로 당신과 상호작용을 해왔는가:	절대로	가끔씩	About 절반쯤	대부분	항상
존엄과 존경으로 대접함	1	2	3	4	5
나 자신의 선택을 하도록 정보를 제공	1	2	3	4	5
나의 아이 양육방식에 대해 좋은 말을 해줌	1	2	3	4	5
나의 걱정과 바람에 대해서 대답해줌	1	2	3	4	5
나의 개인적이고 문화적인 신념을 존중	1	2	3	4	5
내 아이와 내가 잘 한일에 대해서 지적해줌	1	2	3	4	5
내 아이를 위해 자원을 찾는 법을 내가 배우도록 도움	1	2	3	4	5
내 스케줄에 맞는 방식으로 나와 작업함	1	2	3	4	5

부모들은 종종 부모가 되는 일에 대해서 다른 감정과 생각을 가진다. 다음의 진술이 당신에게 사실이라면 그 정도를 제시하시오. 다음 중 각각이 당신에게 얼마나 사실인가:	전혀 사실 아님	조금 사실	가끔 사실	대게 그러함	항상 그러함
나는 내 아이와 있으면 즐겁다.	1	2	3	4	5
나는 부모로서 스스로에 대해 좋다고 느낀다.	1	2	3	4	5
나는 부모로서 내가 올바른 일을 하고 있다고 느낀다.	1	2	3	4	5
나는 아이와 무언가를 하는 것을 즐긴다.	1	2	3	4	5
나는 내가 부모로서 마땅히 해야 할 일을 하고 있다고 생각한다.	1	2	3	4	5
나는 내가 할 수 있는 한 최고의 부모다.	1	2	3	4	5

당신 아이의 조기중재 프로그램에서 당신의 참여에 대해 생각해 보고, 당신이 조기중재 프로그램에서 원하는 도움과 정보를 얻는 면에서 당신은 얼마나 많은 영향력을 가지는가?

전혀 영향력 없음				약 절반의 영향				항상 영향을 미침		
0	10	20	30	40	50	60	70	80	90	100

[그림 1] 양육 경험 척도

출처: Copyright 2003 인터베리 출판시(Winterberry Press), 애슈빌(Asheville), 노스 캐롤라이나 주(NC)

받는다고 그들 스스로 인식하는지를 부모들에게 질문한다. 척도의 세 번째 부분은 부모로서 그들의 역할 면에서 스스로가 어떻게 느끼는지를 탐구한다. 척도의 마지막 부분은 부모들이 프로그램에서 받는 도움과 자원에 대해서 가족이 영향을 미칠 수 있다고 느끼는 정도를 고찰한다.

중재 제공자들과의 접촉

「양육 경험 척도」의 첫 번째 부분은 부모들에게 조기중재 제공자가 그들의 유아와 가족들과 가지는 접촉의 양에 대해 질문을 하는 두 가지 질문을 포함한다. 그 질문들은 유아들과 제공자들의 접촉, 그리고 부모들과 중재 제공자들의 연락과 분리한다. 명확하게, 이러한 질문들은 유아와 중재 제공자 사이에 얼마나 많은 접촉이 3개월 동안에 이루어졌는지, 그리고 부모는 중재 제공자와 지난 3개월 동안에 얼마나 접촉을 가졌는지에 대해 관심을 둔다.

가족중심적 도움주기

두 번째 부분에서 8개의 진술은 우리가 수많은 연구에서 그리고 평가 연구에서(예를 들어, Dunst & Trivette, 2001a; dunst & Trivette, 2001b) 사용해 온 가족중심의 도움이 되는 항목이다. 우리가 했던 이전의 작업은 효율적인 가족중심의 실제는 관계적이고 참여적 구성요소를 포함한다는 것을 입증한다(Dunst & Trivette, 1996). 관계 관련 구성요소는 중재 제공자와 가족 사이의 관계를 구축하도록 도움이 되는 실제를 포함한다. 참여의 구성요소는 가족들에게 능동적인 결정자가 되도록 하는 기회를 제공하고, 개별화되고, 융통성 있고, 가족의 관심사에 호응하는 실제를 포함한다.

「양육 경험 척도」는 가족중심의 실제에 대한 두 가지 구성요소를 평가하는 같은 수의 항목을 포함한다. 관계관련 구성요소의 네 가지 항목은 다음과 같다.

- 나를 존엄과 존경으로 대접함
- 나의 개인적이고 문화적인 신념을 존중
- 나의 자녀 양육방식에 대해 좋은 말을 해 줌
- 내 자녀와 내가 잘한 일에 대해서 지적해 줌

척도에 있는 참여에 대한 네 가지 항목은 다음과 같다.

- 나 스스로의 선택을 하도록 정보를 제공
- 내 자녀를 위해 자원을 찾는 법을 내가 배우도록 도움
- 나의 걱정과 바람에 대해서 대답해 줌
- 내 일정에 맞는 방식으로 나와 작업함

양육 능력

우리가 가지는 양육 상의 유능감과 자신감에 대한 홍미는 유아의 행동과 발달에 대한 다른 양육 스타일의 영향을 설명해 주는 이전의 연구에서 나온 것이면서(Dunst & Trivette, 1988), 상호작용이 가지

는 다양한 스타일이 어떻게 양육의 유능감을 강화하거나 약화시키는가 하는 것이다(Dunst & Trivette, & Hamby, 2006, 발간 예정). 양육 상의 유능감의 특징을 검토한 이후에(Dunst & Trivette, 2002), 영유아의 발달에 중요한 연구 문헌에서 발견되는 양육에 대한 다양한 구성요소를 측정하기 위해 우리는 「일상적 양육 척도(*Everyday Parenting Scale*, Dunst & Masiello, 2003)」를 개발하기 시작했다.

「양육 경험 척도」(Trivette & Dunst, 2003)의 세 번째 부분에 포함된 여섯 가지 양육에 대한 항목은 더 길이가 긴 척도에 있는 항목에서 선택된 것이었다. 두 가지 척도는 모두 양육에 대한 다음의 세 가지 구성요소를 측정한다. 그것은 바로 양육 유능감, 양육 자신감, 그리고 양육의 즐거움이다. 우리는 이 세 가지 구성요소를 다음의 방식으로 운용할 수 있게 해왔다.

- 양육 유능감은 일상의 양육 과업과 역할을 수행하거나 달성하는 능력에 대한 자기 효능감으로 정의된다. 이 항목은 부모들의 "심리학적 양육의 영역 내에서 요구되는 다른 수준의 과업을 수행하기 위한 그들의 능력에 대한 신념"을 알아보기 위해 고안된 것이다(Bandura, 1997).
- 양육에 대한 자신감은 양육의 역할과 책임에 관한 자기 판단(Self-judgements)을 반영한다. 자신감 하위척도는 양육 능력에 대한 부모들의 귀인(attributions)을 평가한다.
- 양육의 즐거움은 자녀와 가지는 애정 관계에 대한 자기평가다. 즐거움에 대한 항목은 부모의 다른 면들에 대한 지표이고 부모-자녀 사이의 심리학적 친근함과 애착에 대한 지표다(Dunst

& Masiello, 2003).

이러한 세 가지 구성요소는 여섯 가지 항목을 사용해서, 「양육 경험 척도」(Trivette & Dunst, 2003)상에서 평가된다. 양육상의 유능감에 대한 항목은 다음과 같다.

① 나는 아이의 학습에 도움이 되는 활동을 아이에게 제공한다
② 나는 내가 할 수 있는 한 최고의 부모다.

양육상의 자신감에 대한 항목은 다음과 같다.

① 나는 부모로서 스스로에 대해 좋다고 느낀다.

② 나는 부모로서 내가 올바른 일을 하고 있다고 느낀다.

그리고 양육 즐거움에 대한 항목은 다음과 같다.

① 나는 내 아이와 재밌게 지낸다.

② 나는 내 아이와 여러 가지 일을 하는 것을 즐긴다.

양육 효능감

척도의 마지막 부분에서는 부모 자신의 능력에 대해 부모들이 느끼는 것을 평가하는 한 가지 항목이 있다. 이 항목은 할 것이 아니라, 할 수 있는 것을 측정한다. 왜냐하면 'can'이라는 단어는 의도를 가리키는 것이 아니라 능력의 판단을 의미하기 때문이다(Bandura, 2001). 이 자기 효능감 항목은 부모들이 생각하기에 그들이 정보의 조언을 얻는 데 가지는 영향에 대해서 그리고 그들의 자녀들에게 서비스를 제공하는 조기중재 프로그램에서 나오는 도움에 초점을 맞춘다. 「양육 경험 척도」는 조기중재 프로그램에 중요한 구성요소를 평가하는 20개의 질문을 포함한다. 척도의 개발은 오로지 평가 과정의 첫 단계일 뿐이다. 가족들이 주체가 되어 척도를 완성하는 것이다. 그래서 질문이 제공하는 정보는 프로그램의 참여자로부터 수집될 수 있다. 다음은 프로그램이 정보를 어떻게 수집할 수 있을지, 일단 정보가 획득되면 그 정보로 무엇을 할 수 있는지, 그리고 받아들여진 정보는 어떻게 프로그램의 실행을 향상시키기 위해 사용될지에 관해서 알려준다.

어떻게 진행할 것인가

프로그램의 평가는 종종 행하기에 어려운 것으로 간주된다. 그러나, 일단 당신이 적절한 척도를 가지고 있다면 평가는 반드시 어려운 것만은 아니다. 다음 단계는 자료를 수집하기 위해 당신이 진행하게 될 방식을 결정하는 것이다. 모든 가족에게 척도를 알리는 것과, 가족들이 그 프로그램을 완수하도록 고취시키고, 가족들이 그 프로그램에 척도를 되돌려 줄 수 있게 쉽고도 비밀스러운 방식을 제공하는 것도 중요하다. 부모들에게 프로그램 실행과 이렇게 실행을 했을 시 성과에 대한 피드백을 제공하도록 요청할 때, 여러 프로그램은 다음의 단계를 사용한다.

- 프로그램을 가지고 그들의 경험을 확실하게 평가할 만큼 충분히 오랜 기간 동안 프로그램에 함께 했던 가족들을 찾는다. 예를 들어, 주마다 가정 방문을 하는 많은 프로그램은 가족이 등록 후 최소 석 달 이후에 조사하기로 한다.
- 왜 프로그램이 정보를 수집하는지, 정보에 어떤 일이 일어날 것인지, 어떤 방식으로 가족들의 기밀이 보호될지를 설명하는 소개장을 만든다.
- 그 편지와 척도를 적절한 언어로 번역해서 그 프로그램에 참여하는 모든 가족들이 읽고 이해할 수 있도록 한다.

- 가족에게 보낼 소개장, 척도, 설문지를 반송해 주기 회신용 봉투를 준비한 소포를 모은다.
- 가족에게 패키지가 곧 우편으로 발송될 것이라고 알려줄 것을 프로그램 제공자에게 지시한다. 프로그램 제공자들은 프로그램 상에서 모든 가족들로부터 피드백을 받는 것이 얼마나 중요한지를 강조하면서, 가족들에게 척도를 완성해서 프로그램 측으로 돌려달라고 요청해야 한다.
- 정기적으로 일정이 잡힌 방문을 할 동안에 가족들에게 척도를 나누어주고 부모들이 척도를 완성해서 돌려 주도록 장려한다.
- 부모들이 척도를 읽기가 어려울 경우 프로그램 제공자들은 부모가 가족 중 한 명이나 친구에게 설문지를 완성하도록 도움을 요청할 수 있도록 장려해야 한다. 프로그램 제공자들이 가족들과 그 척도를 완성해서는 안 된다.

일단 해당 프로그램이 정보를 수집하게 되면, 짤막한 척도는 분석을 위한 자료 파일을 쉽고 빠르게 입력할 수 있도록 해 준다. 비록 척도로부터 나온 자료를 이용해서 어떤 사람은 다소 현학적인 자료 분석을 할 수도 있지만, 빈도 분포(frequency distribution), t 검증법(t-tests), 상관관계와 같은 덜 복잡한 통계를 사용해서 프로그램 향상을 이끌 수 있는 매우 의미 있는 자료를 창출하는 것도 가능하다. 아래는 척도에서 나온 자료를 프로그램의 향상을 위해서 어떻게 사용해 왔는지에 대한 두 가지 예시다.

이 정보가 얼마나 도움이 되었는지에 대한 한 가지 예시는 가족 중심의 서비스와 센터 중심의 서비스 둘 다를 가진 프로그램에서 나온다. 「양육 경험 척도」(Trivette & Dunst, 2003)를 평가의 일부로 사용할 때, 그 프로그램은 부모들이 가정과 교실 환경 중 어디에서 서비스를 제공받았는지를 나타내도록 요청했다. t 검증법(t-tests) 검사를 하자마자, 프로그램 제공자들은 가족중심의 중재를 받은 가족들과 교실중심의 중재를 받은 가족들 간에 참여에 관한 도움(help giving)에 대한 평가에서 차이를 보였다는 사실을 알게 되었다. 가정에서 서비스를 제공받은 부모들이 교실에서 서비스를 받은 부모들보다 더 높은 참여 점수를 받았다. 이 점은 교실 중심의 서비스를 받은 가족들과 자녀들에게는 참여적인 도움이 덜 이루어졌다는 사실을 보여 주었다(Trivette & Dunst, 2005).

이 정보를 통해, 프로그램 제공자들은 주로 교실에서 서비스를 제공받는 가족들이 그들 자녀의 경험에서 능동적인 참여자가 될 수 있는 기회를 증대시키기로 결정을 내렸다. 프로그램 제공자들은 교실 환경 내에서 유아들을 위해 선택을 내릴 수 있는 부모들의 기회를 증진시키는 전략뿐만 아니라 부모들의 의견에 반응하는 교사의 능력을 신장시키기 위한 전략을 개발하기 시작했다. 부모들이 교실에서 그들의 자녀들이 경험했던 것에 영향을 미치는 기회를 증가시키기 위해서, 지난 주 동안에 그들의 자녀들이 관심을 보이는 것을 보았던, 새롭거나 다른 것(차, 페인트, 새 노래 기타 등등)에 대해서 간단한 문서 양식을 작성하라는 요청을 받았다. 이 정보에서, 교사들은 교실에서도 유아들에게는 이러한 자료와 활동이 적용될 수 있다는 것을 확실시 할 수 있었다.

또 다른 프로그램에서, 프로그램 제공자들은 프로그램에 참여하는 부모들이 그들의 양육 기술에서 자신감을 느꼈던 정도를 문서로 기록하고 싶어 했다. 성공의 기준은 「양육 경험 척도」를 완성하는 가족의 85%가, 그들은 항상(항상 사실이다) 부모로서 자신에 대해 좋은 상태라고 느꼈고, 그들이 할 수 있는 한 최고의 부모라고 느꼈다는 것을 보고하는 것이 될 것이었다. 이 프로그램이 연말에 분포 결과를 살펴보았을 때, 오로지 부모의 75%만이 두 가지 진술문이 그들에게는 항상 사실이었다고 보고했다는 것을 알아냈다. 이 결과와 85%라는 목표 사이의 불일치는 프로그램 제공자들에게는 수용할 수 없는 것으로 간주되었다.

프로그램 제공자들은 양육 능력에서 부모들의 자신감을 증대시키기 위한 실천에 대해서, 제공자들이 바꿀 필요가 있는 것을 반영하기 시작했다. 그들이 찾아낸 두 가지 전략은 부모들이 자녀들에게 새로운 학습 기회를 제공할 수 있도록 제공자들이 부모들을 고취시키는 역할에 초점을 맞추었다. 모든 가족과 연락을 할 때 제공자들이 부모에게 그들 자녀와 잘 해 나가고 있는 점을 확실히 지적해 주는 것이었다. 또 다른 전략은 부모들 자신이 가진 양육상의 장점을 알아내고, 부모들이 기꺼이 자신의 전문지식을 다른 부모들과 공유할 생각이 있는지를 밝히는 데 도움이 되는 것이었다. 프로그램을 맡은 담당자들은 이렇게 하기 위한 최고의 방식은 부모들이 생각하기에 자신이 잘하고 있는 양육의 영역에 대해 각각의 가족에게 물어서, 부모들에게 그들의 장점을 공식적·비공식적으로 다른 사람들과 공유할 수 있도록 장려하는 것이었다. 예를 들어, 한 부모는 자녀의 배변 훈련 시 성공적으로 사용했던 전략의 일부에 대해서 소식지에 칼럼으로 써 달라는 요청을 받았다.

이러한 두 예시처럼, 짧고도 실시하기 쉬운 척도가 그들의 프로그

램에서 어떻게 부모들이 가족중심의 실행을 경험하고 있었는지, 그리고 가족들이 그들의 양육 능력에 대해서 어떻게 느꼈는지에 대한 정보를 제공해 주었다. 이 정보를 통하여, 직원들은 프로그램 향상을 위한 전략을 발전시킬 수 있었다. 독자로서 바로 그 척도에서 나온 자료를 고찰하는 다른 방식을 알아보고 싶다면 Dunst와 Trivette (2005)를 참조하면 된다.

결론

「미국장애인교육법(Sec. 631, 1997)과 조기중재/유아특수교육 분과(DEC) 추천실제(the DEC Recommned Practices in Early

Intervention/Early Childhood Special Education. Sandall 외, 2000)」 둘 다는 가족들이 주체가 되는 조기중재 실제가 부모들이 자녀를 양육할 때 스스로에 대해서 자신감과 유능감을 느끼도록 부모들의 능력을 구축 하는 방식으로 행해져야 한다는 것을 확실하게 해준다. 이러한 가족중심의 실제와 능력 구축의 성과가 서비스를 제공받는 대다수의 가족에게 일어나게 되는 정도를 프로그램이 평가할 수 있게 해 주는 방법이 필요하다. 「양육 경험 척도」는 간단하고, 한 페이지 분량의, 가족중심 실제와 양육 능력 둘 다를 평가하기 위한 구성 요소 간의 관계가 잘 이루어진 도구다. 가족으로부터 수집된 정보를 가지고, 직원들은 부모들의 유능함과 자신감을 강화시키기 위해서 가족중심의 실제를 향상시켜나가는 전략을 발전시킬 수 있을 것이다.

주

You can reach Carol Trivette by e-mail at trivette@puckett.org.

참고문헌

Bandura, A. (1997). *Self-efficacy: The exercise of control.* New York: Freeman.

Bandura, A.(2001). *Guide for constructing self-efficacy scales.* Unpublished manuscript, Stanford University.

Dunst, C. J. (1999). Placing parent education in conceptual and empirical context. *Topics in Early Childhood Special Education, 19,* 141-147.

Dunst, C. J., & Masiello, T. L. (2003). *Influences of professional helpgiving practices on parenting competence, confidence, and enjoyment,* Manuscript in preparation.

Dunst, C. J., & Trivette, C. M. (1988). Determinants of parent and child interactive behavior. In K. Marfa (Ed.), Parent-child interaction and developmental disabilities: Theory, research, and intervention (pp. 3-31). New York: Praeger.

Dunst, C. J., & Trivette, C. M. (1996). Empowerment, effective helpgiving practices and family-centered care. *Pediatric Nursing, 22,* 334-337, 343.

Dunst, C. J., & Trivette, C. M. (2001b). *Parenting supports and resources. helpgiving practices, and parenting competence.* Asheville. NC: Winterberry Press.

Dunst, C. J., & Trivette, C. M. (2005). Measuring and evaluating family support program quality (Winterberry Press Monograph Series). Asheville, NC: Winterberry Press.

Dunst, C. J., & Trivette, C. M. (2006). *Benefits associated with family resource center practices.* Asheville, NC: Winterberry Press.

Dunst, C. J., Trivette, C. M., & Hamby, D. W. (2006). Family support program quality and parent, family and child benefits. Asheville, NC: Winterberry Press.

Dunst, C. J., Trivette, C. M., & Hamby, D. W. (in press). Meta-analysis of family-centered helpgiving practices research. Mental Retardation and Developmental Disabilities Research Reviews.

Dunst, C. J., Trivette, C. M., & Jodry, W. (1996). Influences of social support on children with disabilities and their families. In M. Guralnick (Ed.), *The effectiveness of early intervention* (pp. 499-522). Baltimore: Brookes.

Harbin, G., & Salisbury, C. (2000). Policies, procedures, and systems change. In S. Sandall, M. E. McLean, & B.J. Smith (Eds.), *DEC* recommended practices in early intervention/early childhood special education. Longmont, CO: Sopris West.

Individuals with Disabilities Education Act (IDEA). (1997). 20 U.S.C. §1431(a)(4).

Sandall, S., Mclean, M. E., & Smith, B. J. (Eds.). (2000). *DEC recommended practices in early intervention/earlv childhood special education.* Longmont, CO: Sopris West.

Trivette, C. M., & Dunst, C. J. (1998, December). *Family-centered helpgiving practices.* Paper presented at the 14th Annual Division for Early Childhood International Conference on Children with Special Needs, Chicago.

Trivette, C. M., & Dunst, C. J. (2000). Recommended practices in family-based practices. In S. Sandall, M. E. McLean, & B.J.Smith (Eds.), *DEC recommended practices in early intervention/early childhood special education* (pp. 39-46). Longmont, CO: Sopris West.

Trivette, C. M., & Dunst, C. J. (2002, December). *Parent ability scale: A tool for determining program effectiveness.* Presentation made at the 18th Annual Division for Early Childhood International Conference on Young Children with Special Needs and Their Families, San Diego, CA.

Trivette, C. M., & Dunst, C. J. (2003). *Parenting experiences scale.* Asheville, NC: Winterberry Press.

유아의 사회적 유능감을 지원하는 자원

여기에서 당신은 국가, 주정부와 함께하는 그들의 계속적인 노력을 연결하는 데 있어, 팀과 개인들을 돕는 추가적인 자원과, 프로그램의 책무성에 대한 노력을 발견하게 될 것이다. 목록에 나오는 모든 자원은 무료로 다운로드 할 수 있다.

Camille Catlett M.A., The University of North Carolina at Chapel Hill

▶ 장애 영유아에게 서비스를 제공하는 프로그램을 위한 평가와 책임성 추적(http://www.fpg.unc.edu/~eco/pdfs/Assessment Accountability 6-27-07.pdf)

이 논문은 성과 자료를 제공하는 데 평가를 사용하는 것과 관련된 문제를 검토하고, 책무성 추적 목적으로 영유아의 타당한 평가를 수행 하는 데에서의 어려움을 논의하고, 주차원의 성과 측정 접근법을 고안하고 수행할 때 평가와 관련된 사항을 개요로서 설명한다. 표준화되고 교육과정을 기반으로 한 측정을 사용하는 것과 관련된 고려 사항은 책무성 추적을 위해 평가를 사용하는 것과 관련된 선택과 더불어 논의된다.

▶ 유아와 가족의 성과(http://www.nectac.org/topics/quality/childfam.
asp)

국립 유아교육 기술 지원 센터(the national early childhood
technical assistance center)는 정기적으로 이 웹사이트를 갱신하는
데, 이것은 연방정부의 요구조건, 자료 계획, 국가차원의 조직, 주정
부의 활동 그리고 유아와 가족 성과와 관련된 측정도구를 포함한다.

▶ 유아 성과 센터(Early Childhood Outcomes: ECO, http://www.fpg.
unc.edu/~eco/)

유아 성과 센터는 장애를 가진 영유아와 가족성과 측정의 발달과
실행을 증진하려고 노력하는, 미 교육부의 특수교육 프로그램 부서
(OSEP)에서 기금을 제공받는 연구 프로젝트다. 다운로드 가능한 모
든 것 중에서도, 이러한 측정은 지역, 주정부, 국가적인 책무성 추적
시스템에서 사용될 수 있다. 유아 성과 센터는 성과 측정과 관련된
다른 집단들과 주요관계자(stakeholder)와 협력하고, 성과 측정과
관련된 문제들을 연구하고 그리고 주를 돕기 위한 기술적 도움을 제
공해 준다.

▶ 성장과 발달 측정에 대한 유아 연구 기관(http://www.education.
umn.edu/ceed/projects/ecri/)

성장과 발달 측정에 대한 유아 연구 기관(Early Childhood
Research Institute on Measuring Growth and Development: ECRI-

MGD)은 출생에서 8세까지의 장애를 가진 개별 아동의 기술과 요구를 지속적으로 측정하기 위한 포괄적인 시스템을 생산하기 위해 기금이 조성된 단체다. 그들의 기술적 보고서 7번, 「성장과 발달적 모델에서 가족의 성과(http://education.umn.edu/ceed/projects/ecri/ecrirpt7.pdf)」는 일련의 부모/가족 인터뷰를 통해 창출된 가족 성과를 포함한다.

▶ 조기중재와 유아특수교육에서의 가족 및 아동 성과(http://www.fpg.unc.edu/~eco/pdfs/eco outcomes 4-13-05.pdf)

성과는 1년 동안의 수많은 연방정부, 주, 지역의 정책 입안자와 행정전문가를 포함한 주요관계자, 지역의 기금제공자, 장애 유아를 가진 가족과 연구자들의 검토, 관련 자료와 조언을 포함하고, 합의를 통해 개발되었으며, 연방정부차원에서 기금이 제공된 유아 성과센터가 조정하는 것이다.

▶ 조기중재와 유아특수교육에 대한 가족의 성과: 이슈와 고려사항(http://www.fpg.unc.edu/~eco/pdfs/Family outcomes Issues01-17-05.pdf)

Don Bailey와 Mary Beth Bruder는 이 논문을 유아 성과 센터를 위해서 2005년도에 Part C와 유치원 Part B를 위한 가족 성과를 개발하는 것과 관련된 정보의 리뷰를 제공하려고 준비했다. 그것은 또한 성과의 예시를 포함해서 가족 성과를 위해 그동안 개발된 다양한 체계에 대한 요약을 포함한다.

▶ 결과를 기반으로 한 결정 수행하기: 현장에서 나온 조언(http://www.nga.org/eda/files/1999WELFAREBARRIERS.pdf)

　사라 와트슨은 최상의 실제 주지사 협회(the national governor's association Center for best practices)에서 이 논문을 발표했다. 그녀는 50명 이상의 지도자들을 현장에서 만나, 개인, 가족, 지역사회에 있어 성취한 유아들과 가족들이 지원에 대한 성공을 측정하는 것과 관련된 조언에 대해 인터뷰를 했다. 이 문서는 전략을 성과와 논리적으로 연결하는, 전략적 계획 짜기를 포함해서, 결과 기반의 의사결정에 대한 다양한 차원을 다룬다.

▶ 성과의 힘: 유아, 가족, 사회를 위한 결과를 향상시키기 위한 전략적 사고(http://www.nga.org/Files/pdf/1999OUTCOMES.pdf)

　이 에세이에서, 버몬트 주(Vermont)의 복지사업(human services)의 전 주지사였던 고르넬리오 호간(Cornelius Hogan)은 연방정부, 주, 지역 정부와 프로그램 사이에 조직자의 부족이 국가적 교육 체계의 발전을 저해시켰다고 단언하고, 정부기관이 유아들과 가족들을 위한 결과를 향상시키기 위해 함께 작업할 수 있는 방법을 제기한다. 프로그램이 전통적인 활동이나, 생산성, 효율성 모델보다는, 장기적인 책임성과 책무성에 초점을 두는 성과와 지표적 접근을 선택해야 한다고 쓰고 있으며, 그는 성과에 초점을 둠으로써, 특정한 프로그램이 유아와 가족의 복지를 어떻게 향상시킬 수 있는지를 논의하고 있다.

▶ 주정부의 아동 성과 활동(http://www.fpg.unc.edu/~eco/whatstates. cfm#whatstates)

나날이 증가하는 아동 성과 측정 시스템과 관련된 현재의 주정부 차원 활동의 목록은 유아 성과 센터가 관리하는 것이다. 활동에 대한 기록은 유아의 자료가 수집될 때, 각 주가 사용 중인 평가 도구와 그리고 만일 다양한 자료를 사용할 시에 사용되는 요약 방식을 나타낸다.

▶ 주정부의 유치원 책무성 연구 공동체(SPARC, http://www.ihdi.uky. edu/Default.htm)

주정부의 유치원 책무성 연구 공동체(SPARC)는 기준 중심의 (standards-based) 책무성 시스템에서 장애가 있는 그리고 장애가 없는 유아들을 포함하기 위한 적절한 실제를 조사하기 위해서 특수교육 프로그램 부서(OSEP)에서 기금이 조성된 연구 프로젝트다. 프로그램의 실제는 현재, 유아 공동체에서의 인식 그리고 각 주정부에서 현재의 실행에서 확인될 것이다. 그 프로젝트는 유치원에 들어가기 전 어린이의 기준과 책무성 시스템에 관한 주정부의 개요서를 발전시켜 왔다.

▶ 주정부 표준 데이터베이스(http://www.nieer.org/standards/)

유아교육 연구를 위한 국립 연구소가 개발된 이후에, 이 데이터베이스는 주정부 유아교육 표준 언어를 범주화시키고, 일반 형식상에서 데이터베이스를 제시한다. 22개 주정부의 자료, 워싱턴 DC의 자료, 헤드스타트 프로그램(Head start program)이 제시된다. 표준데이터 베이스는 주정부에 의해 설정된 표준이나 영역에 의해 설정된 표준 둘 중의 하나를 훑어봄으로써 검토될 수가 있다.

편저자 소개

Eva M. Horn, Ph.D.
University of Kansas

Lisa Fox, Ph.D.
University of South Florida

Carla Peterson, Ph.D.
Lowa State University

역자 소개

김건희
Syracuse University 특수교육과 졸업(Ph.D.)
현) 대구대학교 유아특수교육과 교수

〈주요 역서〉
자폐스펙트럼장애(공저, 시그마프레스, 2012)

김진희
University of Illinois, Urbana-Champaign 특수교육과
졸업(Ph.D.)
현) 인제대학교 특수교육과 교수

〈주요 저서〉
특수아동 교육의 실제(공저, 교육과학사, 2005)
정신지체아 교육(공저, 양서원, 2002)

특별한 영유아
모노그래프 시리즈 9호

교육과정과 영유아 및 가족의 성과 연계
Linking Curriculum to Child and Family Outcomes

2015년 4월 10일 1판 1쇄 인쇄
2015년 4월 20일 1판 1쇄 발행

편저자 • Eva Horn · Lisa Fox · Carla Peterson
옮긴이 • 김건희 · 김진희
펴낸이 • 김진환
펴낸곳 • (주)**학지사**

121-838 서울특별시 마포구 양화로 15길 20 마인드월드빌딩
대표전화 • 02-330-5114   팩스 • 02-324-2345
등록번호 • 제313-2006-000265호

홈페이지 • http://www.hakjisa.co.kr
커뮤니티 • http://cafe.naver.com/hakjisa

ISBN 978-89-997-0393-5 94370
     978-89-6330-432-8 (set)

Korean Translation Copyright ⓒ 2015 by Hakjisa Publisher, Inc.

정가 11,000원

인터넷 학술논문 원문 서비스 뉴논문 www.newnonmun.com

이 도서의 국립중앙도서관 출판시도서목록(CIP)은 서지정보유통지원
시스템 홈페이지(http://seoji.nl.go.kr)와 국가자료공동목록시스템
(http://www.nl.go.kr/kolisnet)에서 이용하실 수 있습니다.
(CIP 제어번호: CIP2015008631)